PAPUS

LA Science des Mages

ET SES

APPLICATIONS THÉORIQUES ET PRATIQUES

PETIT RÉSUMÉ DE L'OCCULTISME

Entièrement inédit

(AVEC 4 FIGURES SCHÉMATIQUES , GRAVÉES PAR DELFOSSE)

PRIX : 50 CENTIMES

DEUXIÈME ÉDITION

PARIS

LIBRAIRIE DU MERVEILLEUX

CHAMUEL, ÉDITEUR

29, RUE DE TRÉVISE, 29

1892

PAPUS

LA Science des Mages

ET SES

APPLICATIONS THÉORIQUES ET PRATIQUES

PETIT RÉSUMÉ DE L'OCCULTISME

Entièrement inédit

(AVEC 4 FIGURES SCHÉMATIQUES, GRAVÉES PAR DELFOSSE)

PRIX : 50 CENTIMES

PARIS
LIBRAIRIE DU MERVEILLEUX
CHAMUEL, ÉDITEUR
29, RUE DE TRÉVISE, 29

1892

OUVRAGES DU MÊME AUTEUR

Traité Méthodique de Science Occulte. Lettre-Préface d'Ad. Franck, de l'Institut, 1 vol. gr. in-8 de xxv-1050 pages, avec 2 dictionnaires et 1 glossaire, 400 gravures et tableaux . . . . 16 »

La Kabbale, résumé méthodique. Ouvrage précédé d'une lettre d'Ad. Franck, de l'Institut, et suivi d'une Bibliographie spéciale . 5 »

Le Tarot des Bohémiens. Etude historique et critique sur *la Clef* de la Science Occulte. 1 vol. in-8 de 372 pages, avec 6 planches phototypiques et 200 figures et tableaux. . . . . 9 »

Le Même, traduction anglaise, 1 beau vol. relié . . . . 7 *s.* 6 *d.*

*
* *

Traité élémentaire de Science Occulte, 1 vol. in-18, 4e édit., (Epuisé).

Le Sepher Jesirah. Première traduction française. . . . (Epuisé).

L'Occultisme contemporain. In-8. . . . . (Epuisé).

La Pierre Philosophale, preuves de son existence, in-18, avec planches . . . . (Epuisé).

Les Sept Principes de l'Homme au point de vue scientifique. (Epuisé).

*
* *

Considérations sur les Phénomènes du Spiritisme. Rapports de l'Hypnotisme et du Spiritisme, in-8, avec 4 planches . . . . . . 1 »

La Chiromancie (résumé synthétique), in-8, avec 23 figures . 1 »

Fabre d'Olivet et Saint-Yves d'Alveydre, in-8 (rare). . . . 1 »

L'Occultisme, in-16. . . . . » 20

Le Spiritisme, in-16 . . . . » 20

La Science Secrète (en collaboration avec F.-Ch. Barlet, Dr Ferran, E. Nus, Stanislas de Guaita, Julien Lejay). 3 50

Essai de Physiologie Synthétique (Gérard Encausse-Papus), 1 vol. in-8, avec 35 schémas inédits) . . . . 4 »

Du Transfert à l'aide des couronnes aimantées (G. Encausse, en collaboration avec le Dr Luys). . . . . » 50

Direction de l'*Initiation* (5e année) et du *Voile d'Isis* (3e année)

AU BON AMI

JULIEN LEJAY

Avocat à la Cour d'appel de Paris
Directeur des Études Sociologiques
Du Groupe Indépendant d'Études Ésotériques

Permettez-moi, mon cher ami, de vous dédier cette brochure consacrée à la défense de nos idées. Dès le début vous avez été l'un des plus ardents soutiens de notre cause et vous fûtes toujours à nos côtés à l'heure du danger. Je voudrais pouvoir mieux vous exprimer ma reconnaissance, mais je préfère vous laisser la parole; car votre prochain ouvrage sera pour vous, j'en suis persuadé, la consécration définitive de votre réel savoir, déguisé sous votre trop grande modestie.

PAPUS.

PRÉFACE

L'Occultisme a conquis, depuis quelques années, une place importante dans l'esprit de beaucoup de chercheurs contemporains. Lorsque l'on fut certain que la plupart des phénomènes produits par la force psychique étaient réels, on se souvint qu'il existait une théorie particulière de ces phénomènes : la Magie.

Les Mages de Perse prétendaient expliquer et produire à volonté des faits du même genre ; il était donc intéressant de connaître leurs idées à cet égard.

Ces idées ne sont pas aussi perdues qu'on pourrait le croire au premier abord. Une étude, même superficielle, des auteurs qui se sont occupés de Magie et d'Alchimie à travers les âges et quelques rapprochements entre les idées exposées par ces auteurs et celles émises dans le Zend Avesta d'une part, et la Kabbale d'autre part, permet de reconnaître, sous les transformations des termes à travers les siècles, une concordance parfaite dans les idées. De tout cela se dégage une doctrine particulière qui, chose curieuse, peut très bien s'allier à nos théories scientifiques contemporaines et, bien plus, peut aider la science à déblayer un peu le cahos des faits, encore inexpliqués, de la Nature.

L'Occultisme est une doctrine qui vaut ce que valent toutes les doctrines. Il n'a pas la prétention de posséder seul la Vérité sur les points qu'il aborde, loin de là. Mais les théories qu'il expose tendent à remplacer partout le mysticisme par un certain rationalisme. Notamment, dans l'étude des faits spirites, l'occultisme, sans nier l'intervention dans certains cas des entités personnelles d'êtres défunts, restreint considérablement le rôle qu'on peut attribuer à ces entités et prétend ramener la plupart de ces faits à des phénomènes d'hypnotisme transcendant produits principalement par les forces émanées du médium et des assistants.

C'est là qu'il faut chercher l'origine de la faveur dont l'occultisme a été l'objet auprès des esprits éclairés et la cause de son rapide succès en France; c'est là aussi qu'il faut voir la raison d'être des attaques acerbes dont l'Occultisme est et sera l'objet de la part de certains écrivains spirites. Ne pas nier la réalité des faits produits, applaudir au contraire à la publication de tous les ouvrages, à toutes les expériences prouvant l'existence de ces faits, mais chercher à ramener les expériences spirites de M. Henry Lacroix avec Alfred de Musset ou les communications de Victor Hugo et de Jeanne d'Arc à de simples faits de psychiatrie, sans jamais nier toutefois la communication possible d'un enfant à son père, c'est s'attirer sûrement l'animosité de ceux qui veulent être consolés avant tout. On a fort malmené l'Occultisme sans le connaître, le plus souvent; nous avons fait nos efforts dans cette brochure pour ramener la question sur son véritable terrain.

Le titre donné à cette brochure n'a pas d'autre prétention que celle d'indiquer l'origine historique *des doctrines que nous avons essayé d'exposer de notre mieux. C'est à la* Science des Mages *que l'occultisme se rattache directement, et, pour le prouver, nous avons pris soin de citer des auteurs, choisis dans tous les siècles, depuis l'époque du Zend Avesta et de la Kabbale jusqu'en 1825, en insistant particulièrement sur le* XVIe *siècle, remarquable à ce point de vue.*

Nos citations sont tirées, pour la plupart, de traduc-

tions faites par des membres de notre Université, afin qu'on ne puisse pas nous accuser d'avoir trahi la pensée d'un auteur. Enfin nous renvoyons à l'auteur, en conservant par devers nous le nom des traducteurs et le renvoi au chapitre, à seule fin de pouvoir dire, s'il le faut, sic vos non vobis.

Nous espérons ainsi répondre de notre mieux à ceux qui, faute de connaître les premiers éléments de l'histoire des doctrines philosophiques, se figurent que nous avons inventé l'occultisme.

Nous n'avons pas plus de titre à un tel honneur qu'à porter le nom de « Mage » qu'on a voulu nous imposer, malgré nos vives protestations. Nous considérons en effet l'emploi de ces titres d'un autre âge comme des satisfactions d'une sotte vanité, excusables pour un débutant, mais ridicules au premier chef pour un écrivain sérieux et surtout comme fort nuisibles à la considération qui doit s'attacher à toute recherche sincère. Au XIXe *siècle, il n'y a de titre sérieux que ceux qu'on gagne à l'examen, que ceux qu'on peut conquérir dans les Facultés. Réformez les examens, créez-en de nouveaux si tel est votre plaisir ; mais n'affichez jamais un titre n'offrant aucune garantie de savoir comme ceux de « Mage » ou « d'hiérophante ». On peut n'avoir aucun diplôme et manifester du génie. Pourquoi singer dans ce cas ce qu'on est en droit de dédaigner ?*

Mais, pour revenir à l'Occultisme, à cette antique science des Mages, rappelons que le but du présent travail est d'offrir un résumé très succint *de la question. Nous sommes obligés d'énoncer, sous forme d'affirmations dogmatiques, des idées qui demanderaient souvent de longs développements. Aussi renvoyons-nous les lecteurs curieux d'autres détails sur la Naissance, la Mort, les Sept Principes et l'Histoire, etc., etc., à notre précédent ouvrage* Traité méthodique de Science Occulte, *1200 pages in-8* (1) *où ils trouveront des tables nombreuses et des*

(1) En vente chez Carré, éditeur, 58, rue Saint-André-des-Arts, et à la Librairie du Merveilleux, 29, rue de Trévise, Paris.

renseignements complémentaires soit sur la Bibliographie, soit sur la doctrine.

Toutefois le résumé que nous présentons au public est entièrement inédit *et n'est pas formé d'un choix éclectique entre nos précédentes* études. *C'est donc un essai de diffusion de nos idées, essai dont le lecteur saura excuser les obscurités et les faiblesses.*

PAPUS.

20 mars 1892.

PRÉLIMINAIRES

LA TRI-UNITÉ — LES CORRESPONDANCES ET L'ANALOGIE — L'ASTRAL.

L'histoire rapporte que les plus grands penseurs de l'antiquité qu'ait vus naître notre Occident allèrent parachever leur instruction dans les mystères égyptiens.

La Science enseignée par les détenteurs de ces mystères est connue sous différents noms : Science occulte, Hermétisme, Magie, Occultisme, Esotérisme, etc., etc.

Partout identique dans ses principes, ce code d'instruction constitue la Science traditionnelle des Mages, que nous appelons généralement : *Occultisme*. Cette science embrassait la théorie et la pratique d'un grand nombre de phénomènes dont une faible partie seulement constitue de nos jours le domaine du magnétisme ou des évocations dites spirites. Ces pratiques, renfermées dans l'étude de la Psychurgie, ne formaient, notons-le bien, qu'une faible partie de la Science occulte, qui comprenait encore trois grandes divisions : la Théurgie, la Magie, l'Alchimie.

L'étude de l'Occultisme est capitale à deux points de vue : elle éclaire le passé d'un jour tout nouveau et permet à l'historien de reprendre l'antiquité sous une forme encore peu connue. Cette étude présente d'autre part à l'expérimentateur contemporain un système synthétique d'affirmations à contrôler par la science et d'idées sur des forces encore peu connues, forces de la Nature ou de l'Homme à contrôler par l'observation.

L'emploi de l'analogie, méthode caractéristique de l'occultisme, et son application à nos sciences contemporaines ou à nos conceptions modernes de l'Art et de la Sociologie, permet de jeter un jour tout nouveau sur les problèmes les plus insolubles en apparence.

L'Occultisme ne prétend cependant pas donner la seule solution possible des questions qu'il aborde. C'est un outil de travail, un moyen d'études, et un sot orgueil peut seul faire prétendre à ses adeptes qu'ils possèdent la Vérité absolue, sur quelque point que ce soit. L'Occultisme est un système philosophique qui donne une solution des questions qui se posent le plus souvent à notre esprit. Cette solution est-elle l'expression unique de la Vérité ? C'est ce que l'expérimentation et l'observation peuvent seules déterminer.

L'Occultisme doit être divisé, pour éviter toute erreur d'interprétation, en deux grandes parties :

1° Une partie immuable formant la base de la tradition et qu'on peut facilement retrouver dans les écrits de tous les hermétistes, quelle que soit leur époque et quelle que soit leur origine.

2° Une partie personnelle à l'auteur et constituée par des commentaires et des applications spéciales (1).

La partie immuable peut être divisée en trois points :

1° L'existence *de la Tri-Unité* comme loi fondamentale d'action dans tous les plans de l'Univers (2).

2° L'existence de *Correspondances* unissant intimement toutes les portions de l'Univers visible et invisible (3).

3° L'existence d'un *monde invisible*, double exact et perpétuel facteur du monde visible (4).

La possibilité donnée à chaque intelligence de manifester ses potentialités dans les applications de détail est la cause efficiente du Progrès des études, l'origine des diverses écoles et la preuve de la possibilité qu'a chaque auteur de conserver entière sa personnalité, quel que soit le champ d'action abordé par lui.

(1) C'est en confondant avec intention ces deux parties, que les détracteurs de l'occultisme ont toujours cherché des arguments.

(2) L'homme ne peut concevoir l'Unité qu'après avoir analysé les trois plans de manifestation de cette Unité. De là la Trinité divine de la plupart des Cosmogonies, la Trinité humaine (Esprit-Ame-Corps) de l'hermétisme, Trinités synthétisées dans la conception unitaire de Dieu et de l'Homme.

(3) C'est par là qu'on remonte, par l'emploi de l'analogie, des faits aux lois et des lois aux principes. La doctrine des correspondances implique l'analogie et nécessite son emploi.

(4) Ici prennent place les enseignements ésotériques sur le monde astral, les forces occultes de la nature et de l'homme et les êtres invisibles qui peuplent l'Espace.

LA
SCIENCE DES MAGES

CHAPITRE PREMIER

§ 1. — LE MICROCOSME OU L'HOMME

Rien ne paraît plus compliqué au premier aspect que l'être humain. Comment analyser tous les détails de la constitution anatomique et physiologique de cet être, sans parler même de sa constitution psychologique.

L'Esotérisme recherche partout la synthèse et laisse l'étude des détails aux puissants efforts des sciences analytiques. Voyons s'il est possible de déterminer synthétiquement les principes constituant l'être humain.

Généralement tous les organes constituant cet être humain nous apparaissent en pleine période d'action. Tout cela fonctionne, s'agite, se manifeste à nous sous mille aspects, et ce n'est qu'avec la plus grande difficulté qu'on peut déterminer les causes peu nombreuses à travers la multiplicité des effets.

Mais voici le soir venu ; les membres fléchissent, les yeux se ferment, le monde extérieur n'a plus d'action sur l'être humain, et lui-même n'a plus d'action sur le monde extérieur : il dort. Profitons de ce sommeil pour commencer notre étude.

L'homme dort, et cependant ses artères battent, son cœur fonctionne, et le sang circule ; ses organes digestifs, continuent leur travail, et ses poumons aspirent et expirent rythmiquement l'air vivifiant. Pendant ce sommeil, ce que nous appelons l'homme n'est capable ni de mouvement, ni de sensation, ni de pensée; il ne peut ni aimer, ni haïr, ni être heureux, ni souffrir; ses membres reposent inertes, sa face est immobile, et cependant son organisme fonctionne comme si rien de nouveau n'était arrivé (1).

Nous sommes donc amenés forcément à considérer dans l'homme :

1° Une partie machinale continuant son action aussi bien pendant le sommeil que dans la veille ; c'est l'organisme proprement dit.

2° Une autre partie, intellectuelle celle-là, apparaissant seulement dans l'état de veille ; c'est ce que nous appelons la Conscience, l'Esprit.

Le domaine de l'organisme semble donc aussi bien tranché que celui de l'esprit. Mais que se passe-t-il dans cet organisme?

Tout ce qui dépend de l'Esprit, les membres, la face et ses organes, la voix, la sensibilité générale même, tout cela repose, nous l'avons vu. Mais tout cela entoure l'être humain, tout cela est périphérique. C'est dans l'intérieur du tronc, dans les trois segments qui le constituent : ventre, poitrine ou tête que se passent les phénomènes producteurs de la marche automatique de la machine humaine.

Comme toute espèce de machine, l'organisme humain possède des organes mus, une force motrice et un centre d'entretien et de renouvellement de cette force motrice

Ainsi, si nous considérons, en prenant un exemple très matériel, une locomotive, nous y trouverons des organes d'acier mus par de la vapeur, et le renouvellement de cette vapeur est entretenu par un dégagement continuel de chaleur.

De même dans l'organisme humain nous trouvons des organes de constitution particulière (organes à fibres lisses) artères, veines, organes digestifs, etc. etc., mus par de la force nerveuse transportée par les filets du grand sympathique. Cette force, ainsi que la vie particulière de chacune des cellules constituant les organes, est entretenue par le courant sanguin artériel. Donc : organes, centres d'action des forces diverses, force motrice nerveuse et force animatrice sanguine, tels sont les principes essentiels qui constituent la machine humaine en action.

(1) Le phénomène du rêve vient à peine troubler ce repos et rappeler l'existence du principe supérieur.

Mais l'homme s'éveille. Quelque chose de plus vient s'ajouter aux forces précédentes. Les membres, qui reposaient, s'agitent ; le visage s'anime, et les yeux s'ouvrent ; l'être humain qui était étendu se dresse et parle. Une vie nouvelle va commencer, pendant que la vie organique poursuivra mécaniquement son action.

Le principe qui vient d'apparaître diffère essentiellement des principes précédents : il a ses organes d'action particuliers dans le corps (organes à fibres striées) ; il a un système nerveux spécial, il se sert du corps comme un ouvrier se sert d'un outil, comme le mécanicien se sert de la locomotive : il gouverne tous ces centres et tous ces organes périphériques qui reposaient tout à l'heure. Ce principe, nous l'appelons l'Esprit conscient.

Si nous résumons l'exposé précédent, nous trouvons dans l'homme trois principes : *ce qui supporte* tout, c'est LE CORPS PHYSIQUE ; *ce qui anime et ce qui meut* tout, formant les deux pôles d'un même principe, L'AME ; enfin *ce qui gouverne* l'être tout entier, L'ESPRIT.

Le corps physique, l'âme ou médiateur plastique doublement polarisé, l'esprit-conscient, tels sont les trois principes généraux constituant l'être humain.

Si l'on prend garde que le médiateur plastique est double, on peut dire que l'homme est composé de trois principes organiques : *ce qui supporte, ce qui anime, ce qui meut*, le Corps, le Corps astral et l'Etre psychique synthétisés et ramenés à l'unité d'action par un principe conscient : *ce qui gouverne* l'Esprit.

Voilà un exemple de ce qu'on appelle la Trinité dans l'Unité ou la Tri-Unité en Occultisme.

LES TROIS PRINCIPES

L'Etre humain est donc composé de trois principes ; le corps physique, le médiateur plastique ou âme et l'Esprit Conscient Ce dernier terme synthétise les termes précédents et transforme en unité la Trinité organique (1).

(1) Il y a trinité et unité dans l'homme, ainsi que dans Dieu. L'homme est un en personne ; il est triple en essence ; il a le souffle de Dieu ou l'âme, l'esprit sidéré et le corps.

(PARACELSE XVIe siècle).

Rappelons que les occultistes de tous les âges et de toutes les écoles sont d'accord sur cette division fondamentale en trois principes. Cependant l'analyse de ces principes, l'étude de leur action physique, passionnelle ou intellectuelle, de leur localisation anatomique ou psychologique, a conduit diverses écoles à des *subdivisions*, purement analytiques, du reste. Mais la base immuable de l'enseignement ésotérique, c'est la doctrine des trois principes (1).

Le corps physique *supporte* tous les éléments constituant l'homme incarné. Il a son centre d'action dans l'abdomen.

Le corps astral *anime* tous les éléments constituant l'homme incarné. Il a son centre d'action dans la poitrine et constitue le principe de la Cohésion de l'Etre humain.

L'Etre psychique *meut* tous les éléments constituant l'homme incarné, à l'exception des éléments placés sous la dépendance de l'Esprit : il a son centre d'action à la partie postero-inférieure de la tête (2).

L'Esprit, synthétisant en lui les trois principes précédents, *gouverne*, éclairé par l'Intelligence et servi par la Volonté, l'organisme tout entier. L'Esprit a son point d'appui dans le cerveau matériel ; mais, sauf de rares exceptions, il n'est pas complètement incarné dans l'Etre humain (3).

(1) La loi de toutes ces subdivisions a été donnée au point de vue mathémathique par Hœné-Wronski, en 1800, sous le nom de *Loi de Création*,

L'Unité se manifeste d'abord en un ternaire (comme dans notre première analyse de l'Etre humain.

De ces trois éléments primitifs dérivent quatre éléments secondaires ($3+4=7$), ce qui porte à sept le nombre des éléments résultant de la première analyse.

Les théosophistes en sont là.

Mais Wronski va plus loin et détermine trois nouveaux éléments, dérivés de l'action des éléments positifs sur la série négative et réciproquement, ce qui porte à dix les termes de l'analyse. (Les dix Séphiroth de la Kabbale).

En synthétisant ces termes par l'Unité, on obtient la série complète de Wronski, l'auteur qui a atteint la synthèse la plus complète qu'ait produite le XIXe siècle.

(2) Trois mères dans l'homme : la Tête, le Ventre et la Poitrine. La tête a été créée du Feu, le ventre de l'Eau, et la poitrine, milieu entre eux, de l'Esprit.

SEPHER JESIRAH (IIe siècle, d'après Ad. Franck).

(3) La tête est le siège de l'âme intellectuelle ; la poitrine, de l'âme vitale ; le ventre, de l'âme sensitive.

ROBERT FLUDD (XVIe siècle).

LE CORPS PHYSIQUE

Ce qui supporte tous les éléments constituant l'être humain sur la Terre, c'est le corps physique.

Le Corps physique fournit à sa propre constitution le squelette, les muscles et les organes digestifs, ainsi que toutes leurs dépendances. Il fournit au corps astral les hématies, les organes circulatoires et toutes leurs dépendances. Il fournit à l'être psychique tous les principes matériels du système nerveux ganglionaire. Il fournit enfin à l'Esprit tous les principes matériels du système nerveux conscient.

Les éléments matériels de l'être humain se renouvellent sous l'influence des aliments transformés par l'appareil de la digestion *en chyle.* Le centre de renouvellement et d'action du corps physique est donc placé dans l'abdomen.

Le Corps physique circule dans l'organisme par le système des vaisseaux lymphatiques, sur le trajet desquels sont placés des ganglions, centres de réserve matériels.

Le corps physique, dirigé dans sa marche organique par *l'Instinct*, se manifeste à l'Esprit conscient par les besoins.

LE CORPS ASTRAL

Ce qui anime tous les éléments constituant l'être humain, c'est *le Corps Astral.*

Le corps astral est le double exact du corps physique. Il constitue une réalité organique, et il possède des organes physiques, des centres d'action et des localisations.

Les organes physiques spécialement affectés au corps astral sont les organes de la respiration et de la circulation et toutes leurs dépendances.

Le centre d'action du corps astral est donc dans la poitrine. Ses fonctions organiques s'entretiennent sous l'influence de l'air atmosphérique, transformé par l'appareil respiratoire en force vitale fixée sur le globule sanguin (oxyhémoglobine (1).

L'appareil circulatoire diffuse la force vitale dans tous les points de l'organisme et fournit à l'être psychique les principes nécessaires à l'élaboration de la force nerveuse (2).

Le corps astral, dirigé par le sentiment, se manifeste à l'Esprit conscient par la Passion.

L'Être Psychique.

Ce qui meut tous les éléments constituant l'organisme humain, c'est *l'Etre Psychique*.

L'Etre psychique est à proprement parler le centre de sublimation et de condensation du corps astral. Il a ses organes physiques de circulation et d'action.

Les organes physiques spécialement affectés à l'Etre psychique sont les organes contituant le système nerveux ganglionnaire et toutes ses dépendances [Cervelet — *Grand sympathique. N. vaso-moteurs* (3).

Le centre d'action de l'Etre psychique est donc dans la Tête (partie postero-inférieure). Ses fonctions organiques s'entretiennent sous l'influence de la force vitale apportée par le

(1) L'âme sensitive ou élémentaire réside dans le sang et est l'agent de la sensation, de la nutrition, de la reproduction, en un mot de toutes les fonctions organiques.

ROBERT FLUDD (XVIe siècle).

(2) Pythagore enseignait que l'âme a un corps qui est donné suivant sa nature bonne ou mauvaise par le travail intérieur de ses facultés. Il appelait ce corps le char subtil de l'âme et disait que le corps mortel n'en est que l'enveloppe grossière. C'est, ajoutait-il, en pratiquant la vertu, en embrassant la vérité, en s'abstenant de toute chose impure, qu'il faut avoir soin de l'âme et de son corps lumineux.

HIÉROCLÈS, *Aurea Carmina*, v. 68 (Ve siècle).

(3) Il y a deux sortes d'Intelligences dans l'homme ; *L'intelligence matérielle* a pour tâche de diriger, de coordonner les mouvements du corps (elle ne peut point se séparer de la matière).

L'Intelligence acquise et communiquée, indépendante de l'organisme, est une émanation directe de l'Intelligence active ou Universelle. Elle a pour attribut spécial la Science proprement dite, la connaissance de l'absolu et de l'Intelligible pur, des principes divins où elle prend sa source.

MAIMONIDES (XIIe siècle.)

sang et transformée par l'action du Cervelet en force nerveuse (1).

L'appareil nerveux de la vie organique diffuse le mouvement dans tous les points de l'organisme et fournit à l'Esprit conscient les éléments nécessaires à l'élaboration de la Pensée (2).

L'Etre Psychique, guidé par l'Intuition, se manifeste à l'Esprit par l'Inspiration.

L'ESPRIT CONSCIENT

Ce qui gouverne l'être humain tout entier, ce qui sent, ce qui pense et ce qui veut, ramenant la trinité organique à l'unité de la Conscience, c'est l'Esprit immortel.

L'esprit a, dans l'être humain, un domaine d'action bien délimité avec un centre d'action, des organes et des conducteurs particuliers.

Les organes physiques spécialement affectés à l'Esprit sont les organes constituant le système nerveux conscient, avec toutes ses dépendances.

L'Esprit a donc pour centre d'action la Tête. Le corps physique lui fournit la matière du système nerveux conscient, le corps astral lui fournit la force vitale qui anime cette matière, l'être psychique lui fournit la force nerveuse nécessaire à son action. De plus chacun des trois principes fournit à l'esprit un ou plusieurs organes des sens (3).

(1) Il y a deux espèces d'âmes : l'âme sensitive, commune à l'homme et aux animaux ; l'âme intellectuelle, immortelle ou simplement *l'esprit* (mens) qui n'appartient qu'à l'homme.

Van Helmont (xvie siècle.)

(2) Or ces sens (sens commun et imagination) ont leurs organes dans la tête ; là le sens commun et l'imagination tiennent les premières places, les premiers sièges, les premières habitations, demeures ou cellules du cerveau (quoique Aristote ait voulu que l'organe du sens commun fût dans le cœur) et la pensée ou la faculté de penser tient le haut et le milieu de la tête et ensuite la mémoire tient le dernier ou le derrière de la tête.

Agrippa (xvie siècle.)

(3) L'homme est mortel par rapport au corps ; mais il est immortel par rapport à l'âme, qui constitue l'homme essentiel. Comme immortel, il a autorité sur toutes choses ; mais relativement à la partie matérielle et mortelle de lui-même il est soumis au destin.

Pimandre d'Hermès (iie siècle d'après la critique universitaire.)

Le corps physique fournit à l'Esprit le toucher et le goût, le corps astral lui fournit l'odorat, l'Être psychique lui fournit l'ouïe et la vue.

Ces divers sens mettent l'Esprit en rapport avec le monde extérieur.

L'Esprit est d'autre part en rapport avec l'être intérieur qui se manifeste à lui par l'impulsion sensuelle, passionnelle ou intellectuelle.

C'est par la moelle épinière (portion postérieure), que les communications s'établissent entre l'Esprit conscient et chacun des trois centres organiques de l'être humain : Ventre, Poitrine et Tête.

L'Essence de l'Esprit consiste dans sa Liberté de se laisser aller aux impulsions venues de l'être intérieur ou d'y résister. C'est en cette faculté primordiale que consiste essentiellement le Libre arbitre.

L'Esprit, quoique indépendant en lui-même de chacun des trois centres organiques, agit cependant sur eux, non pas immédiatement mais médiatement.

L'Esprit ne peut pas modifier directement la marche des organes digestifs, mais il a tout pouvoir dans le choix des aliments, et la bouche, porte d'entrée de l'abdomen, est sous la dépendance exclusive de l'Esprit, avec le Goût comme adjuvant sensoriel.

L'Esprit ne peut pas modifier directement la marche des organes circulatoires, mais il a tout pouvoir dans le choix du milieu respiratoire, et les fosses nasales, porte d'entrée de la poitrine, sont sous la dépendance de l'Esprit, avec l'Odorat comme adjuvant sensoriel.

Il résulte de là que l'Esprit peut volontairement modifier la constitution du corps physique en modifiant convenablement les aliments (1re phase de magie pratique), et que l'Esprit peut aussi agir sur le corps astral en agissant sur le rythme respiratoire et en modifiant par des parfums spéciaux l'air atmosphérique inspiré (2e phase de magie pratique).

Enfin l'action de l'Esprit sur les yeux et les oreilles permet de développer la clairvoyance et le clairaudience conscientes (3e phase de magie pratique).

Par les aliments, par l'air inspiré, par les sensations, l'Esprit agit sur l'être intérieur; par les membres, il agit sur la Nature.

Le larynx, les yeux, considérés comme organes d'expression, la bouche, considérée de même, s'ajoutent encore aux membres dans l'action consciente de l'Esprit sur les autres hommes, et le Monde extérieur; sur le non-moi.

En résumé, les fonctions de l'Esprit se réduisent aux données suivantes :

Anatomie et physiologie philosophique.		Grâce aux éléments matériels, vitaux et psychiques à lui fournis par les trois principes de l'être intérieur, l'Esprit possède des moyens d'action spéciaux.
Ce qui sent.	Il reçoit :	De l'Être intérieur des impulsions sensuelles, animiques et intellectuelles. Du Non-Moi des sensations diverses.
Ce qui pense.		Il perçoit les idées qui dérivent de ces divers états psychiques, les compare, les classe, en tire son jugement et formule enfin sa volonté.
Ce qui veut.	Il agit ensuite :	Sur l'Être intérieur par les portes d'entrée des trois centres, portes d'entrée qui sont sous sa dépendance, et par les éléments introduits dans chacun des trois centres. Il peut aussi agir sur la *périphérie* de son Être par les membres. Sur le Non-Moi par les membres placés sous sa dépendance et par certains autres organes d'expression : la Voix, le Regard, le Geste, etc., etc.

Ce qui sent et ce qui veut est en relation directe avec les organes corporels; ce qui pense les domine au contraire.

De l'action de l'Abdomen sur le Non-Moi (aliment) résulte le chyle; de l'action de la Poitrine sur le Non-Moi (air) résulte le dynamisme du sang; de l'action de la Tête sur l'organe (la sensation) résulte l'idée.

Que résulte-t-il donc de l'action de l'Esprit conscient et sur l'Être intérieur et sur le monde extérieur?

DE LA DESTINÉE

L'Être humain conçu comme un tout, fabrique, par le libre emploi que fait sa volonté, des éléments qui lui sont confiés, de la chance ou de la malchance pour son évolution future. C'est le libre arbitre qui règle lui-même la destinée de la Monade humaine (1).

Explication de la Figure

Cette figure demi-schématique représente les domaines respectifs de l'Inconscient et de l'Esprit conscient dans l'homme.

(1) La partie sensitive et intelligente de notre être doit être considérée comme les réunions de trois principes distincts :

1° *Le Djan*, qui conserve la forme du corps et entretient dans toutes ses parties l'ordre et l'harmonie (Corps astral).

2° *L'Akko*, principe divin et inaltérable, qui nous éclaire sur le bien

Tout ce qui est blanc est placé sous la direction de l'Inconscient ou subit l'influence de cet Inconscient. *Tout ce qui est teinté en noir* est placé, au contraire, sous la direction de la Volonté consciente. Les parties figurées *en gris* représentent la partie *sensitive* consciente de l'Être humain, les noires indiquent les parties motrices.

§ 2. — LE MACROCOSME OU LA NATURE

L'homme a bâti des villes superbes; autour de ces cités des champs bien cultivés se sont étendus; dans les prairies, on a vu de beaux troupeaux paître en pleine tranquillité; une société humaine, avec ses organes sociaux et ses facultés nationales, s'est fixée dans ce merveilleux pays d'Egypte.

Mais l'axe magnétique des civilisations s'est déplacé d'un degré, la guerre et l'incendie ont porté leurs ravages dans les cités, les ruines ont remplacé les villes superbes, les herbes folles et les forêts ont pris la place des champs cultivés, les bêtes féroces et les serpents venimeux ont succédé aux gras troupeaux, et, maintenant, aucune société humaine n'apparaît plus dans ces déserts.

Quelle est donc cette puissance mystérieuse qui défait ainsi les œuvres des hommes, quelle est cet adversaire caché qui reprend pied à pied possession de son bien, dès que l'homme cesse de lutter : c'est la Nature. La Nature, c'est la force fatale qui dirige tout ce que l'homme aperçoit autour de lui dans l'Univers, depuis le Soleil jusqu'au brin d'herbe. Ce n'est qu'au prix de la lutte de tous les instants, ce n'est qu'en déployant sans cesse les efforts de sa Volonté que l'Homme parvient à dominer la Nature et à s'en faire un auxiliaire précieux dans sa marche vers l'Avenir. La Volonté humaine est aussi puissante que la Fatalité naturelle; ce sont deux des forces cosmiques les plus élevées qui se soient manifestées dans l'Absolu.

qu'il faut faire, sur le mal qu'il faut éviter, et nous annonce dès cette vie une vie meilleure (Esprit conscient).

3° *L'Ame*, ou personne humaine, comprenant l'intelligence (*Boc*) le jugement et l'imagination (*ronan*) et la substance propre de l'âme (*Ferouer*) (Être psychique).

A la mort, l'Akko retourne au ciel, et l'âme demeure seule responsable de nos bonnes ou de nos mauvaises actions.

ZOROASTRE (Sad-der) (500 av. J-C.)

Considérons un coin quelconque de notre planète dans lequel la Nature manifeste sa puissance sans partage avec l'action de l'homme, et voyons si nous ne retrouverons pas là des principes et des lois générales cachés sous la multiplicité des efforts apparents.

Voici un coin de forêt tropicale. La Terre et ses couches géologiques entremêlées de veines métalliques forme la base, le support de la presque totalité de ce que nous pouvons apercevoir.

Un ruisseau trace silencieusement sa route au milieu des arbres et des plantes qui surgissent de toutes parts. Sans l'eau fertilisante, agissant dans la Planète comme le chyle agit dans l'homme, rien ne pousserait sur la Terre desséchée.

Entre ces plantes, des insectes circulent, rapides et affairés par la lutte pour l'existence. Sur ces arbres, des oiseaux s'ébattent, et, dans les profondeurs de la forêt, on entend le sifflement des serpents et le rugissement des fauves.

Au-dessus de tous ces êtres végétaux ou animaux, un fluide subtil circule invisible, impalpable : l'air atmosphérique, origine du mouvement vital qui meut toute la nature animée. Enfin, là-haut, dans le ciel, le Soleil darde de ses rayons brûlants ce coin de terre. Les rayons solaires apportent le mouvement à la Planète tout entière, le mouvement dont les combinaisons plus ou moins intenses avec la matière produisent toutes les forces physiques connues. Le soleil se condense dans la substance des arbres, d'où l'homme l'extraira plus tard à l'état de chaleur en brûlant le bois ou la houille. Le mouvement venu du Soleil se condense dans l'intérieur de la Terre sous forme de magnétisme, et se manifeste à sa surface sous forme d'attraction moléculaire.

Résumons. — De la Terre *qui supporte*, de l'Eau et de l'Air *qui animent*, du Feu solaire *qui meut* en créant toutes les forces physiques, et la Fatalité *qui gouverne* la marche de toutes ces forces et de tous les êtres, voilà ce que nous apprend la vue de ce coin de Terre. Est-ce tout ?

Non. Toutes ces forces, tous ces éléments circulent à travers trois règnes, les minéraux lentement décomposés par les racines des végétaux qui les assimilent et les transforment en substance végétale que les rayons solaires viennent charger de principes dynamiques, et que l'air atmosphérique vient animer,

Mais les animaux, saisissent à leur tour la substance végétale qu'ils *digèrent et transforment en* substance animale. Et la vie universelle, identique pour tous les êtres, circule à travers tous les règnes, animant aussi bien le brin d'herbe que le cerveau du grand quadrumane.

Trois règnes constituent le corps matériel de chacun des continents de notre Planète, et chacun de ces trois règnes manifeste un centre particulier de l'organisme terrestre. Le règne minéral en est *l'ossature*, le centre de digestion et d'excrétion, le règne végétal en est le centre animique digérant le minéral et purifiant sans cesse l'air atmosphérique indispensable à tous les êtres ; enfin, le règne animal en est le centre intellectuel, évoluant l'instinct et l'intelligence à travers l'ascension pénible vers la conscience (1).

Ce qui supporte tous les principes en action sur la Planète, c'est la Terre avec sa *triple évolution* minérale, végétale et animale.

Ce qui anime, ce sont l'Eau et l'Air. L'Eau agissant dans la Nature comme la partie liquide du sang dans l'homme, et l'Air agissant dans la Nature comme le globule du sang dans l'homme.

Ce qui meut, ce sont les forces physico-chimiques produites par les combinaisons des rayons solaires avec la matière organique ou inorganique, c'est le mouvement dans son essence que les anciens appelaient Feu.

De la Terre, de l'Eau, de l'Air et du Feu, tels sont les quatre principes que nous voyons agir dans la Nature si nous abandonnons le champ de l'analyse pour rester sur le terrain essentiellement *général*. Nous ne craignons donc pas d'être taxé d'ignorance ou d'être accablé sous le poids du ridicule en osant revenir, à la fin du XIXe siècle, sans crainte aux quatre éléments de l'ancienne physique des initiés.

Mais nous venons d'analyser là, seulement un coin de notre planète. Les forces physico-chimiques, l'Air, l'Eau et la Terre

(1) L'âme des minéraux se développe sous l'action des planètes.
L'âme des végétaux sous l'action du soleil, et en se développant elle se multiplie ; car chaque graine de la semence renfermée dans le calice des fleurs est une âme distincte que recouvre une légère enveloppe d'eau et de terre.

ROBERT FLUDD (XVIe siècle.)

constituent uniquement les principes en action dans la portion de la Nature qui nous entoure immédiatement, ce que les anciens appelaient le *Monde élémentaire.* Poursuivons notre analyse.

Nous venons de voir des faits se passant sur une faible partie de notre planète. L'emploi de l'analogie nous permet d'espérer que, de même qu'une même loi dirige la marche d'une cellule et celle d'un organe dans l'homme, de même une loi identique doit diriger la marche d'un continent et celle de toute la Planète, conçue comme un être organique spécial.

Notre planète, isolée dans l'Espace, baigne alternativement la plus grande partie d'un de ses hémisphères dans le fluide solaire. De là, l'existence du jour et de la nuit correspondant à une aspiration et une expiration de l'être humain. Dans l'organisme humain: le fluide réparateur, le sang, circule à travers les organes qu'il baigne. Dans l'organisme du monde, au contraire, ce sont les planètes (organes du système solaire), qui circulent dans le fluide solaire réparateur. La Terre aspire le mouvement par l'équateur et l'expire par les pôles (1).

Notre planète reçoit du monde extérieur trois influx spéciaux:
1° Celui du Soleil.
2° Celui de la Lune; satellite de la Terre.
3° Celui des autres planètes du système solaire (Nous considérons les étoiles fixes comme trop éloignées pour avoir une action spéciale sur les planètes.)
L'étude de ces courants fluidiques et de leur action physiologique constitue l'astrologie.

Mais notre Terre dégage de son côté plusieurs fluides.
1° Elle est immédiatement entourée d'une couche atmosphérique spéciale.
2° Elle est lumineuse vue des autres planètes.
3° Elle possède une force d'attraction particulière qui agit tant sur les corps placés à la surface de la planète que sur

(1) La Lumière, en se mêlant à l'air invisible a produit l'éther, autre espèce de feu plus subtil et plus actif, principe de la génération et de l'organisme, véhicule de la vie dans toute l'étendue de l'Univers.

. . . .

L'éther n'est pas à proprement parler un corps, mais un terme moyen, une sorte de médiateur entre les corps et la force vivifiante dont ils sont pénétrés, c'est-à-dire l'âme du monde.

R. FLUDD (XVIe siècle.)

la lune et spécialement aussi sur les autres planètes du système.

La Lune étant une dépendance cosmique de la Terre rentre dans sa sphère d'attraction, et la planète unie à son satellite forme un système planétaire. La Lune agit vis-à-vis de la Terre comme le Grand sympathique vis-à-vis de l'organisme humain, et elle régularise et distribue la force dynamique, et par là préside à l'accroissement et à la décroissance de tout les organismes vivants, sur la Terre.

Mais la Terre et son satellite ne forment qu'un des organes de notre système solaire qui, seul, constitue un tout, un organisme spécial dans l'Univers.

- Un système solaire est composé :
D'organes matériels hiérarchisés en trois catégories :
1° Les Satellites obéissant à l'attraction d'une Planète ;
2° Les Planètes obéissant à l'attraction d'un Soleil ;
3° Un Soleil obéissant à l'attraction d'un centre particulier.

Entre les satellites et les planètes agissent les forces physico-chimiques et les fluides dits élémentaires.

Entre les Planètes et le Soleil agissent les forces cosmiques et les fluides dits astraux.

Entre le Soleil et le centre d'attraction plus élevé agissent les forces phychiques et les fluides dits principiateurs.

Pour une planète d'un système solaire, le (ou les) satellitte agit donc comme l'abdomen agit dans l'homme, le soleil agit comme le cœur dans l'homme, et le centre d'attraction du Soleil agit comme la tête dans l'homme.

En résumé, un système solaire comprend trois ordres de principes :

Ce qui supporte : Les organes du système : satellites, planètes et Soleil.

Ce qui anime : fluide dynamique émané du Soleil.

Ce qui meut : force d'attraction localisée dans les satellites de la planète et dans le soleil et émanée du centre d'attraction du Soleil.

Ce qui gouverne : La puissance cosmique appelée Nature ou Destin.

L'ancienne physique des hermétistes considérait l'Univers comme constitué de trois plans *ou mondes*.

1° Le monde élémentaire constitué par les forces en action sur notre planète, appelé aussi monde sublunaire, et dont le domaine s'étendait de la Terre à son satellite : La Lune, (domaine des forces physico-chimiques.)

2° Le monde des orbes constitué par les forces en action dans le système solaire, et dont le domaine s'étendait du soleil aux planètes du système (domaine des forces astrales.)

3° Le monde empyrée constitué par les forces en action dans l'Univers *tout entier, et dont le domaine, s'étendait du* centre (encore peu déterminé scientifiquement) d'attraction de notre soleil aux soleils situés dans la même sphère d'attraction (domaine des forces-principes.)

Et ces trois plans ne constituaient pas des centres d'action strictement délimités. De même que, dans l'homme, on retrouve dans toutes les parties de l'organisme de la lymphe, du sang et de l'action nerveuse, quoique l'abdomen, le thorax et la tête soient les plans qui centralisent l'action de ces trois éléments, de même, dans la moindre planète on retrouve des forces physiques, de la vie et de l'attraction, manifestation respectives du monde élémentaire, du monde des orbes et du monde empyrée.

§ 3. — L'ARCHÉTYPE

Lorsque nous voulons nous figurer l'homme, c'est toujours *l'image de son corps physique qui se présente la première à* notre esprit.

Et cependant, un peu de réflexion suffit pour nous faire comprendre que ce corps physique ne fait que supporter et manifester l'homme véritable, l'Esprit qui le gouverne.

On peut enlever des millions de cellules de ce corps physique en coupant un membre sans que pour cela l'unité de la Conscience subisse la moindre atteinte. L'homme intellectuel qui est en nous est indépendant en lui-même des organes qui ne sont que des supports et des moyens de communication.

Il n'en est pas moins vrai cependant que, pour nous, dans notre état actuel, ces organes physiques sont des plus utiles, sont mêmes indispensables pour nous permettre de remonter à l'action de l'Esprit et de la comprendre. Sous cette base toute physique, nos déductions prendont le caractère vague et mystique des données exclusivement métaphysiques.

Mais une analyse toute superficielle peut seule nous conduire à confondre l'homme intellectuel avec l'homme organique, ou à rendre la Volonté entièrement solidaire de la marche des organes.

Or, quand il s'agit de traiter la question de Dieu, on tombe la plupart du temps dans un des excès que nous venons de signaler à propos de l'homme.

L'ensemble des êtres et des choses existants supporte et manifeste la Divinité comme le corps physique de l'homme supporte et manifeste l'Esprit.

Vouloir traiter de Dieu sans s'appuyer sur toutes ces manifestations physiques, c'est risquer de se perdre dans les nuages de la métaphysique, c'est demeurer incompréhensible pour la plupart des intelligences. C'est donc en nous appuyant sur la constitution de l'homme d'une part et sur celle de l'Univers de l'autre que nous allons nous efforcer de nous faire une idée de Dieu.

Dans l'homme, nous avons vu un être physique, ou plutôt organique, fonctionnant d'une façon machinale aussi bien durant la veille que pendant le sommeil. Au-dessus de cet être organique, nous en avons déterminé un autre : l'être intellectuel entrant en action dès le réveil et en manifestant presque exclusivement pendant l'état de veille.

La partie organique de l'être humain répond à l'idée que nous nous sommes fait de la Nature. C'est la même loi fatale et régulière qui dirige la marche de l'homme organique, comme celle de l'Univers, ce dernier étant formé d'organes cosmiques au lieu d'être formé d'organes humains.

L'être intellectuel dans l'homme répondra par suite, mais d'une façon très élémentaire, à l'idée que nous pouvons nous faire de Dieu. Les rapports de l'homme physique à l'homme intellectuel nous éclaireront sur les rapports de la Nature et de Dieu, comme les rapports entre l'être physique et l'Esprit dans l'homme pouvant nous éclairer analogiquement sur les rapports de l'Homme avec Dieu.

Par là, nous pouvons dès maintenant poser en principe que, si notre analogie est vraie, Dieu, quoique manifesté par l'Humanité et par la Nature, quoique agissant sur ces deux grands principes cosmiques, a cependant une existence propre et indépendante;

Mais l'Unité Première ainsi conçue n'a pas plus à intervenir dans la marche des lois naturelles que l'Esprit conscient de l'homme n'intervient, à l'état normal, dans la marche du cœur et dans celle du foie.

L'homme est le seul créateur et le seul juge de sa destinée. Il est libre d'agir à sa guise dans le cercle de sa fatalité, autant qu'un voyageur peut, dans un train ou dans un steamer, agir comme il lui plaît dans sa cabine ou dans son compartiment. Dieu ne peut pas plus être rendu complice des fautes humaines que le chef du train ou le capitaine du steamer ne sont responsables des fantaisies des voyageurs qu'ils conduisent en avant.

Il faut donc, afin d'éviter toute erreur dans la suite, bien distinguer que Dieu, tel qu'il apparaît au premier abord, est l'ensemble de tout ce qui existe, de même que l'homme est l'ensemble de tous les organes et de toutes les facultés qui apparaissent en premier lieu.

Mais l'homme véritable, l'Esprit, est distinct du corps physique, du corps astral et de l'être psychique, qu'il perçoit et qu'il domine. De même Dieu-Unité est distinct de la Nature et de l'Humanité qu'il perçoit et qu'il domine. A parler d'une façon grossière, la Nature est le corps de Dieu, et l'Humanité est la vie de Dieu. mais autant que le corps matériel est le corps de l'homme, et le corps astral et l'Être psychique sont les principes vitaux de l'homme; il s'agit là de l'homme organique et non de l'homme Esprit, qui, encore une fois, n'use de ces principes que comme moyen de manifestation (1).

Il n'en est pas moins vrai cependant que l'Esprit de l'homme

(1) D'abord, Dieu n'existe qu'en puissance, dans l'unité ineffable : c'est la première personne de la Trinité ou Dieu le Père ; puis il se révèle à lui-même et se crée tout un monde intelligible ; il s'oppose comme la pensée, comme la raison universelle : c'est la seconde personne de la Trinité ou Dieu le Fils, enfin, il agit et il produit, sa volonté s'exerce et sa pensée se réalise hors de lui : c'est la troisième personne de la Trinité ou l'Esprit. Dieu, passant éternellement par ces trois états, nous offre l'image d'un cercle dont le centre est partout et la circonférence nulle part.
(*Philosoph. mor.* sect. I, liv. II, ch. IV.)
R. Fludd (XVIe siècle).

est en relation par le sens interne avec la moindre parcelle de son organisme, parcelle sur laquelle il ne peut agir, mais qui, elle, peut se manifester à l'Esprit par la souffrance. De même, Dieu est présent médiatement ou immédiatement dans la moindre parcelle de la création, il est en chacun, de nous; comme la conscience humaine est présente à titre de réceptrice ou de motrice consciente dans chacune de nos cellules corporelles.

La Nature et l'Homme agissent donc librement entourés de toutes parts par l'action divine circonférentielle, qui entraîne l'Univers vers le Progrès, sans intervenir despotiquement dans les lois naturelles ou dans les actions humaines. Ainsi le capitaine du steamer qui agit sur le gouvernail de son navire vogue vers le but du voyage sans intervenir dans le détail de la machinerie motrice (image de la Nature), ou dans les occupations des passagers. Le capitaine gouverne circonférentiellement le système général ; il n'a que faire de ce qui se passe à l'intérieur des cabines.

Cependant l'action du capitaine s'exerce sinon immédiatement, du moins médiatement.

1° Sur la machinerie par le porte-voix.

2° Sur les voyageurs par les règlements de bord élaborés par le capitaine (1).

En Kabbale, on appelle *Père* le principe divin qui agit sur la marche générale de l'Univers (action sur la Barre), *Fils* le principe en action dans l'Humanité, et *Saint-Esprit* le principe en action dans la Nature. Ces termes mystiques indiquent les diverses applications de la force créatrice universelle.

§ 4. — L'UNITÉ

L'Univers conçu comme un tout animé est composé de trois principes qui sont : la Nature, l'Homme et Dieu, ou, pour employer le langage des hermétistes, le Macrocosme, le Microcosme et l'Archétype (2).

(1) Le principe unique de l'univers, c'est le *père* de la triade intelligible.

PORPHYRE (IIIe siècle).

(2) Il y a trois mondes, le monde archétype, le macrocosme et le microcosme, c'est-à-dire Dieu, la Nature et l'Homme.

R. FLUDD (XVIe siècle).

L'homme est appelé microcosme ou petit monde parce qu'il contient *analogiquement* en lui les lois qui régissent l'Univers (1).

La Nature forme le point d'appui et le centre de manifestation générale des autres principes.

L'homme agissant sur la Nature par l'action, sur les autres hommes par le Verbe, et s'élevant jusqu'à Dieu par la Prière et l'Extase constitue le lien qui unit la création au créateur.

Dieu enveloppant de son action providentielle les domaines dans lesquels agissent librement les autres principes, domine l'Univers dont il ramène tous les éléments à l'unité de direction et d'action.

Dieu se manifeste dans l'Univers par l'action de la Providence qui vient éclairer l'homme dans sa marche; mais qui ne peut s'opposer dynamiquement à aucune des deux autres forces primordiales (2).

L'Homme se manifeste dans l'Univers par l'action de la Volonté qui lui permet de lutter contre le Destin et d'en faire le serviteur de ses conceptions. Dans l'application de ses volitions au monde extérieur, l'homme a toute liberté de faire appel aux lumières de la Providence ou d'en mépriser l'action.

(1) L'homme forme à lui seul tout un monde appelé *le microcosme* parce qu'il offre en abrégé toutes les parties de l'univers. Ainsi la tête répond à l'empyrée, la poitrine au ciel éthéré ou moyen, le ventre à la région élémentaire.

R. Fludd (xvie siècle).

(2) C'est la nature qui préside à notre naissance, qui nous donne un père, une mère, des frères, des sœurs, des relations de parenté, une position sur la terre, un état dans la société; tout cela ne dépend pas de nous: tout cela, pour le vulgaire, est l'ouvrage du hasard; mais pour le philosophe pythagoricien, ce sont les conséquences d'un ordre antérieur, sévère, irrésistible, appelé Fortune ou Nécessité.

Pythagore opposait à cette nature contrainte une nature libre qui, agissant sur les choses forcées comme sur une matière brute, les modifie et en tire à son gré des résultats bons ou mauvais. Cette seconde nature était appelée Puissance ou Volonté: c'est elle qui règle la vie de l'homme et qui dirige sa conduite d'après les éléments que la première lui fournit.

La Nécessité et la Puissance, voilà, selon Pythagore, les deux mobiles opposés du monde sublunaire où l'homme est relégué, les deux mobiles tirent leur force d'une cause supérieure, que les anciens nommaient *Némésis*, le décret fondamental, et que nous nommons Providence.

Fabre d'Olivet (*Vers dorés*. 5e examen, 1825.)

La nature se manifeste dans l'Univers par l'action du Destin qui perpétue d'une manière immuable et dans un ordre strictement déterminé les types fondamentaux qui constituent sa base d'action.

Les faits sont du domaine de la Nature, *les Lois* du domaine de l'homme, *les principes* du domaine de Dieu.

Dieu ne crée jamais qu'en Principe. La Nature développe les Principes créés pour constituer les faits, et l'homme, établissant, par l'emploi que fait sa volonté des facultés qu'il possède, les relations qui unisent les faits aux Principes, transforme et perfectionne ces faits par la création des Lois.

Mais un fait, quelque simple qu'il soit, n'est jamais que la traduction par la nature d'un principe émané de Dieu, et l'Homme peut toujours rétablir le lien qui relie le fait visible au principe invisible, et cela par l'énonciation d'une Loi. (Fondement de la méthode analogique.)

*
* *

Un steamer est lancé sur l'immense Océan et vogue vers le but assigné par le terme du voyage.

Tout ce que contient le steamer est emporté en avant.

Et cependant chacun est libre d'organiser sa cabine comme il lui plaît. Chacun est libre de monter sur le pont contempler l'infini ou de descendre à fond de cale. Le progrès en avant s'effectue chaque jour pour la masse totale ; mais chaque individualité est libre d'agir à sa guise dans le cercle d'action qui lui est dévolu en partage.

Toutes les classes sociales sont là sur ce navire, depuis le pauvre émigrant, qui couche tout habillé dans un sac, jusqu'au riche yankee, qui occupe une bonne cabine.

Et la vitesse est la même pour tous, riches, pauvres, grands et petits, tous aboutiront en même temps au terme du voyage.

Une machine inconsciente fonctionnant d'après des lois strictes meut le système tout entier.

Une force aveugle (la vapeur) canalisée dans des tubes et des organes de métal générée par un facteur spécial (la chaleur) anime la machine tout entière.

Une volonté, dominant et la machine organique et l'ensemble des passagers, gouverne tout : le capitaine.

Indifférent à l'action particulière de chaque passager, le capitaine, les yeux fixés sur le but à atteindre, la main à la barre, conduit l'immense organisme vers le terme du voyage, donnant ses ordres à l'armée des intelligences qui lui obéissent.

Le Capitaine ne commande pas directement l'hélice qui meut le steamer, il n'a d'action immédiate que sur le *gouvernail.*

Ainsi l'Univers peut être comparé à un immense steamer dont ce que nous appelons Dieu tient le gouvernail ; la Nature est la machinerie synthétisée dans l'hélice qui fait marcher tout le système aveuglément d'après des lois strictes, et les humains sont les Passagers.

Le Progrès existe, général, pour tout le système, mais chaque être humain est absolument libre dans le cercle de sa fatalité.

Telle est l'image qui peint assez clairement les enseignements de l'Occultisme sur cette question.

CHAPITRE II

§ 1. — LE PLAN ASTRAL

Les Phénomènes occultes et la Pratique

Ce que nous avons dit jusqu'à présent, sauf peut être ce qui a rapport à Dieu, ne choquera pas outre mesure un lecteur passant pour avoir « un esprit positif. » Cela tient à ce que nous avons fait tous nos efforts pour rester dans un domaine aussi scientifique que le permettent ces questions.

Mais il nous reste à parler du Monde invisible et de sa constitution, des êtres invisibles et de leur action, en un mot de la partie vraiment occulte ou plutôt occultée de la Science des anciens.

Le lecteur va voir, résumés sans presque aucun commentaire, vu le cadre de notre exposé, les enseignements de l'occultisme sur les spectres, les fantômes, les élémentals et les élémentaires, les propriétés magiques du corps astral et du monde astral, etc., etc.

Ce sont là des sujets qui déroutent tant la raison vulgaire, à notre époque, que plus d'un lecteur, aura la certitude que ces pages sont le produit d'une forme quelconque d'aliénation mentale, si tant est qu'il n'ait pas déjà posé une conclusion analogue avant d'aborder ce chapitre.

Pour nous, nous avons la certitude que les phénomènes inex-

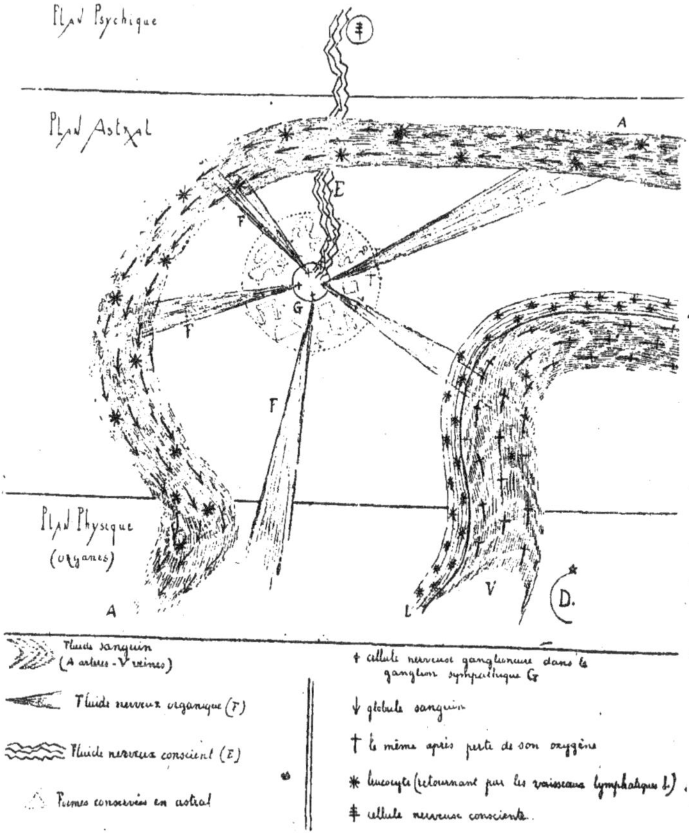

plicables dont nous aurons à parler sont des réalités. Quelles que soient donc les conclusions des lecteurs, nous en appelons à la Puissance qui saura rendre justice à tous : *au Temps*.

Dans l'homme, nous constatons l'existence d'une partie visible et d'une partie invisible (1).

(1) Au-dessous de la nature éternelle, nous rencontrons la nature visible qui est une émanation et une image de la première. Tout ce

La partie visible nous manifeste la partie invisible comme le récepteur du télégraphe reproduit la dépêche envoyée de loin.

Dans la Nature, il existe également, d'après l'occultisme, toute une partie invisible, à côté des objets et des forces physiques qui frappent nos sens matériels.

De même que dans l'homme invisible circulent des fluides et des cellules (fluides sanguin et nerveux, hématies et leucocytes) facteurs incessants de l'organisme, de même dans la Nature invisible circulent des forces et des êtres, facteurs incessants du plan physique (2).

L'occultiste, qui a constaté dans l'homme l'existence d'un corps astral, facteur et conservateur des formes organiques, ne saurait s'arrêter, dans l'étude de la Nature, à la constatation des forces physico-chimiques ou des résultats de l'évolution. Ces choses visibles ne sont, encore une fois, que le résultat de principes invisibles à nos sens physiques.

Rappelons-nous que la partie invisible de l'homme comprend deux grands principes : le corps astral et l'être physique d'une part, et l'Esprit conscient d'autre part.

La Nature conçue comme une entité spéciale comprend également, dans sa partie invisible, un plan astral, un plan physique d'une part et un plan divin d'autre part.

La connaissance du plan astral est indispensable si l'on veut comprendre les théories présentées par l'occultisme pour expliquer tous les phénomènes en apparence étranges, susceptibles d'être produits par l'homme, développé d'une façon particulière.

Le sujet est fort obscur en lui-même. Cependant, il suffit de s'appuyer le plus possible sur la constitution de l'homme pour comprendre ce qui nous reste à exposer.

Qu'entend-on par ce terme, en apparence si bizarre, de plan astral ?

que contient celle-ci dans les conditions de l'éternité, l'autre nous la présente sous une forme *créaturelle*, c'est-à-dire que dans son sein les essences se traduisent en existence, et les idées en phénomènes.
JACOB BOEHM (XVIe siècle).

(2) L'âme se fait son corps à elle-même, c'est-à-dire que non seulement elle le gouverne et l'anime, mais qu'elle le façonne.
PORPHYRE (IIIe siècle).

Nous allons nous servir de quelques comparaisons assez grossières il est vrai; mais aussi très suggestives, pour nous mettre sur la voie d'une définition compréhensible de ce terme.

Voici par exemple un artiste qui a l'idée de faire une statuette. Que lui faut-il pour réaliser son idée ? De la matière, un peu de terre par exemple. Est-ce tout ?

Sans doute, oui, au premier abord. Mais supposez le malheureux artiste manchot ou paralysé ?

Qu'adviendra-t-il ?

Il arrivera que son idée de statuette sera aussi nette que possible dans son cerveau. D'autre part la terre sera toute prête à recevoir et manifester cette forme; mais L'INTERMÉDIAIRE, la main, n'obéissant plus au cerveau d'une part, et ne pouvant agir sur la matière, d'autre part, rien ne se produit.

Pour que l'idée de l'artiste puisse être manifestée par la matière, l'existence d'un intermédiaire entre l'idée et la matière est nécessaire.

Pour rappeler une de nos comparaisons les plus connues, l'idée de l'artiste peut être assimilée au cocher d'un équipage et la matière à la voiture.

L'intermédiaire entre le cocher et la voiture, c'est le cheval. Or, sans cheval, le cocher, assis sur le siège, ne peut pas plus agir sur la voiture, que, sans bras, l'artiste ne peut modeler la terre. Tel est le rôle de l'intermédiaire dans les comparaisons précédentes,

Revenons à notre artiste et à sa statuette.

Supposons que la matière, vaincue par le travail, se soit pliée aux impulsions de la main qui la pétrit, et que la statuette soit terminée.

Qu'est-ce, en somme, que cette statuette: une image physique de l'idée que l'artiste a dans le cerveau. La main a fait l'office d'un moule dans lequel la matière a été modelée, et cela est tellement vrai que, si un accident brise la statuette de terre, l'artiste en retrouvera la forme originelle toujours existante dans son cerveau et pourra refaire une nouvelle statuette, image plus ou moins parfaite de l'idée qui sert de modèle.

Il existe cependant un moyen de prévenir la perte de la statuette dès qu'elle est terminée, c'est de mouler cette statuette. Par le moule, on obtient un négatif de la chose à reproduire, tel que la matière qui sortira du moule manifestera toujours la forme primitive, sans que l'artiste ait jamais à intervenir.

Il suffit donc qu'il existe un seul négatif de l'idée originale pour que des multitudes d'images positives de cette idée, images toujours identiques les unes aux autres, prennent naissance par l'action de ce négatif sur la matière.

Eh bien, chaque forme organique ou inorganique qui se manifeste à nos sens est une statuette d'un grand artiste qui s'appelle le créateur, ou plutôt, qui vient, d'un plan supérieur que nous appelons le plan de création.

Mais dans ce plan de création primordiale, il n'y a que des idées, des principes, de même que dans le cerveau de l'artiste. Entre ce plan supérieur et notre monde physique, visible, il existe un *plan intermédiaire* chargé de recevoir les impressions du plan supérieur et de les réaliser en agissant sur la matière, de même que la main de l'artiste est chargée de recevoir les impressions du cerveau et de les fixer sur la matière.

Ce Plan intermédiaire entre le principe des choses et les choses elles-mêmes, c'est là ce qu'on appelle en occultisme le plan astral (1).

Qu'on ne se figure pas cependant que ce plan astral est dans une région métaphysique impossible à percevoir autrement que par le raisonnement. Nous ne saurions trop répéter que tout est étroitement emboîté dans la Nature aussi bien que dans l'homme, et que chaque brin d'herbe porte avec lui son plan astral et son plan divin. La nécessité de l'analyse nous oblige seule à séparer des choses absolument connexes. Nous venons de déterminer la qualité *d'intermédiaire* de ce plan astral ; mais ce n'est pas tout.

Si l'on a bien compris cette comparaison, il est maintenant facile de se faire une idée de ce que l'on entend en occultisme par la seconde propriété du plan astral ; la création des formes.

Toute chose est d'abord créée dans le monde divin *en principe*, c'est-à-dire en puissance d'être, analogue à l'idée chez l'homme.

Ce principe passe alors dans le plan astral et s'y manifeste « en négatif ». — C'est-à-dire que tout ce qui était lumineux

(1) Ormuzd n'a pas produit directement les êtres matériels et spirituels dont l'Univers se compose; il les a produits par l'intermédiaire de la parole, du Verbe divin, du saint *Hanover*.

ZEND AVESTA.

dans le principe devient obscur, et réciproquement tout ce qui était obscur devient lumineux ; ce n'est pas l'image exacte du principe qui se manifeste, c'est le moulage de cette image. — Le moulage une fois obtenu, la création « en astral » est terminée (1).

C'est alors que commence la création sur le plan physique, dans le monde visible. *La forme astrale* agissant sur la matière donne naissance à *la forme physique*, comme le moule donne naissance à ces statuettes. Et l'astral ne peut pas changer les types auxquels il donne naissance, plus que le moule ne change l'image qu'il reproduit. Pour modifier la forme, il faudra créer un nouveau moule, c'est ce que pourront faire Dieu immédiatement et l'homme médiatement. — Mais n'anticipons pas.

Pour revenir à notre point de départ, constatons qu'en définitive, l'image physique reproduit exactement le principe divin qui lui a donné immédiatement naissance, l'astral n'a eu d'autre utilité que celle de multiplier à l'infini, et sans avoir besoin de recourir à l'artiste primitif, le principe, point de départ de la création.

Notons toutefois que la création sur le plan physique, dont nous venons d'exposer la genèse d'après l'occultisme, est plus détaillée que nous ne l'avons fait. L'analyse nous conduirait en définitive à 22 (21 + 1) sphères d'action, le plan divin, le plan astral, le plan physique comprennent en effet chacun trois sphères actives, trois sphères passives, et une sphère équilibrante, soit 3 fois 7 sphères plus la tonalisante universelle, ce qui fait 22. Mais notre cadre nous astreint à la clarté, et la tri-unité a le mérite, tout en restant très générale, d'être la plus claire des méthodes d'exposition, aussi nous en tiendrons-nous là.

Pour résumer ce que nous venons de dire au sujet de la seconde propriété du plan astral, que le lecteur se reporte aux diverses opérations de la photographie, il aura une image très fidèle de ce qu'on peut entendre par la création dans les trois mondes.

(1) Au dessous du Verbe divin, de l'intelligence ou de la Raison Universelle qui a préexisté et *présidé* à la formation des choses, nous rencontrons les *ferouers*, c'est-à-dire les *formes divines*, les types immortels des différents êtres. Le feu et les animaux ont leurs *ferouers* comme l'homme : les nations, les villes, les provinces aussi bien que les individus.

ZEND AVESTA.

En effet, le paysage à reproduire est l'image du Principe de création du monde divin. Ce paysage, après avoir traversé la chambre noire, devient un *négatif*, une image négative de la réalité, image dans laquelle les blancs sont noirs et les noirs sont blancs.

Mais une nouvelle série de manipulations va permettre au photographe de tirer de cette image négative toute une série d'épreuves positives reproduisant exactement le paysage initial. Si vous ajoutez que la Nature reproduit les couleurs, ce que ne fait pas encore le photographe, vous aurez, dans l'image initiale le type du monde divin, dans l'image négative le type du monde astral, et dans l'épreuve positive le type du monde physique.

LES FLUIDES

Mais vous allez m'arrêter là et me dire : Toutes ces opérations dont vous nous parlez ne s'accomplissent pas toutes seules. Il faut des agents, ne seraient-ce que des doigts hu mains, pour faire votre moule, votre cliché photographique ou toutes ces choses dont vous nous entretenez. Quels sont donc les agents du monde astral ?

Puisque nous avons parlé de photographie, gardons cette comparaison, et poursuivons avec elle notre étude, pour répondre à la question précédente.

Nous avons à considérer deux actions principales : 1° la transformation de notre paysage en image négative ; 2° la transformation de notre image négative en épreuves positives.

Rappelons avant tout nos bases analogiques ; le paysage à reproduire est l'image du Principe émané par le monde divin, le cliché négatif représente la reproduction de ce Principe en astral, et l'épreuve représente la réalisation du Principe en physique.

Voilà notre paysage devant nous, et, d'un autre côté voilà notre cliché sensibilisé, c'est-à-dire préparé à recevoir l'impression. Cela nous suffit-il ?

Nous savons bien que non, puisque, s'il faisait nuit, nous n'obtiendrions rien.

Entre notre paysage et notre cliché, il faut un intermédiaire. Cet intermédiaire sera, dans le cas présent, un fluide impondérable : la Lumière.

Nous allons condenser un peu de cette lumière dans un lieu obscur : la chambre noire et le faisceau de lumière transformé par son passage brusque de son milieu naturel à ce nouveau milieu à travers un petit trou ou un objectif va manifester sur notre cliché une image *renversée* du paysage.

Mais cette image n'est pas là qu'en puissance d'être. Pour la faire apparaître, la lumière primitive est désormais inutile et même nuisible. C'est dans une chambre obscure ou éclairée de rayons particuliers que nous allons faire subir à notre cliché l'action de fluides physico-chimiques particuliers. Sous cette influence, l'image négative du paysage apparaît, et peut désormais subir l'action de la lumière sans danger. Notre « moule » est créé.

C'est alors que nous faisons de nouveau appel au fluide primitif : à la Lumière si nuisible en astral. Cette lumière agissant sur une nouvelle couche de substance sensible, placée sous notre cliché, va manifester sur le plan réel, et non plus négatif, l'image de notre paysage, image que l'action de quelques fluides chimiques rendront stable.

Résumons.

Deux sortes d'opérations.

Les opérations faites en Lumière et celles faites en l'absence de Lumière. C'est en passant alternativement d'un de ces cas à l'autre que les diverses opérations photographiques s'accomplissent.

Dans les opérations faites en Lumière, c'est ce fluide qui agit ; mais alors rien n'est stable ; les images obtenues sont invisibles ou sont transitoires ! tout est en *puissance d'être*, en principe.

Mais que de nouveaux fluides viennent agir à l'abri de cette lumière, dans le laboratoire, et aussitôt ce qui était en puissance d'être se réalise en négatif, et le positif qui était transitoire devient permanent.

C'est donc en passant alternativement des fluides du monde divin (opération en Lumière) dans les fluides du monde astral (opération en laboratoire) que les êtres et les choses physiques sont créés si notre comparaison est juste. D'autre part les fluides du monde divin sont créateurs et ceux du monde astral sont fixateurs ou conservateurs, conséquence de notre comparaison, qui répond exactement aux enseignements de l'occultisme.

Les agents: *Elémentals*, *Elémentaires*.

Outre les fluides, fluides créateurs, de l'Archétype, et fluides conservateurs, de l'Astral, il existe des *agents* particuliers actionnant les fluides.

Dans notre comparaison précédente, les doigts de l'opérateur, les mille cellules qui entretiennent le mouvement et la vie de ces doigts représentent les agents dont nous parlons.

Etant donné que tout ce qui est visible est la manifestation et la réalisation d'une *idée* invisible, l'occultisme enseigne qu'il existe, dans la Nature, une hiérarchie d'êtres psychiques, de même qu'il existe dans l'homme, depuis la cellule osseuse jusqu'à la cellule nerveuse, en passant par l'hématie, une véritable hiérarchie d'éléments figurés.

Les êtres psychiques qui peuplent la région dans laquelle agissent les forces physico-chimiques ont reçu le nom *d'élémentals* ou esprits des éléments. Ils sont analogues aux globules sanguins et surtout aux leucocytes de l'homme. Ce sont les élémentals qui agissent dans les couches inférieures du plan astral en rapport immédiat avec le plan physique.

Cette question des *élémentals*, qui obéissent à la volonté bonne ou mauvaise qui les dirige, qui sont irresponsables de leurs actes tout en étant intelligents, a soulevé de curieuses polémiques en ces derniers temps. Les citations des auteurs anciens que nous donnons ci-dessous prouveront que l'occultisme a connu et enseigné depuis longtemps l'existence des entités astrales (1).

De plus, il suffit de se rappeler que, dans notre plan physique, un animal fort intelligent : le chien, joue le même rôle. — Le chien d'un brigand n'attaquera-t-il pas un honnête homme, sous l'impulsion de son maître, et le chien du fermier ne se jette-t-il pas sur le voleur qui tente d'entrer dans la ferme ? Dans les deux cas, le chien ignore s'il a affaire à un

(1) Je révolterai peut être bien des gens contre moi, si je dis qu'il y a des créatures dans les quatre éléments qui ne sont ni des purs animaux, ni des hommes, quoiqu'ils en aient la figure et le raisonnement, sans en avoir l'âme raisonnable. Paracelse en parle clairement ainsi que Porphyre.

On prétend que ces créatures extraordinaires sont d'une nature spirituelle ; non pas d'une spiritualité qui exclue toute matière ; mais d'une spiritualité qui n'admet pour fondement substantiel qu'une matière infiniment diluée et autant imperceptible que l'air ?

Grimoire du xvi° siècle (*Petit Albert* p. 99 et 123).

honnête homme ou à un bandit; il est irresponsable de ses actions et se contente d'obéir à son maître, qui reste, seul, entièrement responsable. Tel est le rôle des élémentals dans l'astral (1).

Dompter des élémentaires ne peut être comparé qu'à l'action de la discipline militaire. Le chef d'armée a su grouper autour lui par le dévouement ou la crainte des êtres conscients et responsables, qui ont bien voulu asservir leur volonté à celle du chef ou ont été forcés de le faire. Cette seconde action est bien plus difficile que l'action sur le chien. Il en est de même en astral, où l'élémentaire n'obéit que par dévouement ou par crainte, mais reste toujours libre de résister à la volonté du Nécromant.

Les Elémentals sont en circulation presque continuelle dans les fluides de l'Astral. Outre ces entités, il en existe d'autres de l'avis de tous les voyants. Ce sont les *Intelligences directrices* formées par les esprits des hommes qui ont subi une évolution considérable. Ces êtres, analogues aux cellules nerveuses des centres sympathiques de l'homme, ont reçu des noms très divers dans toutes les cosmogonies des anciens. Nous nous contentons d'indiquer leur existence.

On trouve encore, d'après l'enseignement de la Kabbale dans le plan astral des entités douées de conscience, ce sont les restes des hommes qui viennent de mourir, et dont l'âme n'a pas encore subi toutes ses évolutions. Ces entités répondent à ce que les spirites appellent « *des esprits* », à ce que l'occultiste appelle « *des élémentaires* » (2).

Les élémentaires sont donc des entités humaines évoluées, tandis que les élémentals n'ont pas encore passé par l'humanité, point très important à retenir (3).

(1) Ils habitent un lieu près de la terre; bien plus, ils sont des entrailles de la terre; il n'y a méchanceté qu'ils n'aient l'audace de pousser à bout; ils ont l'humeur tellement violente et insolente, c'est ce qui fait qu'ils machinent le plus souvent et tendent des pièges et embûches des plus violentes et les plus soudaines, et, quand ils font leurs sorties d'ordinaire, ils sont cachés en partie, et en partie ils font violence, se plaisent fort partout où règne l'injustice et la discorde.

PORPHYRE (IIIe siècle).

(2) Quand on a des raisons solides de croire que ce sont *des esprits des hommes défunts* qui gardent les trésors, il est bon d'avoir des cierges bénits au lieu de chandelles communes.

GRIMOIRE DU XVIe siècle (*Petit Albert*).

(3) La réintégration sera universelle; elle renouvellera la nature et finira par purifier le principe même du mal. Toutefois, pour cette

L'IMAGE ASTRALE

La théorie des « images astrales » est une des plus particulières parmi celles qui sont exposées par l'occultisme, pour l'explication des phénomènes les plus étranges, aussi devons-nous la résumer de notre mieux.

A propos de notre exemple de l'artiste et de la statuette, nous avons vu qu'une des fonctions du « plan astral » était de conserver les types des formes physique et de les reproduire, comme le moule conserve et reproduit les formes de notre statuette.

Cette propriété vient de ce fait que le plan astral peut être considéré comme un miroir du monde divin qui reproduit en négatif les idées principes, origine des formes physiques futures.

Mais l'occultisme enseigne que, de même que toute chose ou tout être projette une ombre sur le plan physique, de même tout projette *un reflet* sur le plan astral.

Quand une chose ou un être disparaît, son reflet en astral persiste et reproduit l'image de cette chose ou de cet être, telle que cette image était au moment précis de la disparition. — Chaque homme laisse donc « en astral » un reflet, une image, caractéristique. — A la mort, l'être humain subit un changement d'état caractérisé par la destruction de la *cohésion* qui maintenait unis des principes d'origine et de tendance très différentes.

Le corps physique ou enveloppe charnelle retourne à la Terre, au monde physique d'où il était venu.

Le corps astral et l'être Psychique éclairés par la Mémoire, l'Intelligence et la Volonté des souvenirs et des actions terrestre passent dans le plan astral surtout dans ses régions les plus élevées où ils constituent un élémentaire ou un « esprit. »

œuvre, les êtres inférieurs ont besoin de l'assistance de ces esprits qui peuplent l'intermonde entre le ciel et la terre. Il faut donc entrer en commerce avec eux; établir des *communications* par degré jusqu'à ce qu'on parvienne aux plus puissants.

MARTINEZ PASQUALIS (XVIIIe siècle)

La somme des aspirations les plus nobles de l'être humain, dégagée de la mémoire des choses terrestres autant que le somnambule est dégagé des souvenirs de l'état de veille, en un mot *l'idéal* que l'être humain s'est créée pendant la vie, devient une entité dynamique qui n'a rien à voir avec le MOI actuel de cet individu et passe dans le monde divin.

C'est cet idéal plus ou moins élévé qui sera la source des existences futures et qui en déterminera le caractère.

C'est en se mettant en relation avec ces « images astrales » que le voyant retrouve toute l'histoire des civilisations évanouies et des êtres disparus. Une découverte toute récente, celle de la *Psychométrie* est venue montrer que ces affirmations de l'occultisme, qu'on pourrait prendre pour de la métaphysique pure, correspondent à des réalités absolues.

Supposez que votre reflet dans un miroir persiste, après votre départ, avec sa couleur, ses expressions et toutes ses apparences de réalité, et vous aurez une idée de ce qu'on peut entendre par « l'image astrale d'un être humain. »

Les anciens connaissaient parfaitement ces données et appelant : *ombre* l'image astrale, qui évoluait dans les régions les plus inférieures du plan astral, *mâne* l'entité personnelle, le MOI qui évoluait dans les régions supérieures de l'astral et enfin *esprit* proprement dit l'idéal supérieur de l'être.

Que les incrédules ou ceux qui se figurent que l'occultisme est une invention moderne écoutent Ovide (1) :

Dans l'évocation d'un être défunt, il faudra donc bien prendre garde si l'on a affaire à son « image astrale » où à son MOI, véritable.

Dans le premier cas l'être évoqué se conduira comme un reflet dans un miroir. Il sera visible il pourra faire quelques gestes, il sera photographiable ; mais il ne PARLERAS PAS. Tel est le fantôme de Banco dans *Macbeth*, fantôme visible seulement pour le Roi, et qui ne profère aucune parole.

Shakespeare était fort au courant des enseignements de l'occultisme.

Dans le second cas, l'être évoqué PARLERA, et plusieurs mor-

(1) Il y a quatre choses à considérer dans l'homme : les mânes, la chair, l'esprit et l'ombre ; ces quatre choses sont placées en chacun son lieu, la terre couvre *la chair*, *l'ombre* voltige autour du tombeau, *les mânes* sont aux enfers, et *l'esprit* s'envole au ciel.

OVIDE.

ils pourront le voir en même temps. C'est le cas du fantôme mis en action par Shakespeare dans *Hamlet*.

Les phénomènes spirites dits de « Matérialisation » étaient connus de tous temps. Agrippa au XVIe siècle en donne une théorie complète, d'après l'occultisme, dans sa Philosophie occulte. Si cependant le XVIe siècle semblait encore trop rapproché, le lecteur peut lire avec fruit tous les détails d'une évocation d'après l'occultisme dans Homère, Odyssée, chant XI, où l'image astrale s'appelle Εἴδωλον (1).

RÉSUMÉ

En résumé, le plan astral intermédiaire entre le plan physique et le monde divin renferme :

1° Des entités directrices présidant à la marche de tout ce qui évolue en astral. Ces entités psychiques sont constituées par les hommes supérieurs des humanités antérieures, évolués par leur propre initiative. (Esprits directeurs de la Kabbale.)

2° Des fluides particuliers formés d'une substance analogue à l'électricité, mais doués de propriétés psychiques : la lumière astrale.

3° Dans ces fluides circulent des êtres divers, susceptibles de subir l'influence de la Volonté humaine : les Élémentals.

4° Outre ces principes propres au plan astral, nous y trouvons encore : les formes de l'avenir prêtes à se manifester dans le plan physique, formes constituées par la réflexion en négatif des idées créatrices du monde divin.

(1) Voici, du reste, à titre de curiosité, la description d'une conversation « par coups frappés », en 1528 :

« Advint aucuns jours après qu'Antoinette ouyt quelque chose entour d'elle faisant aucun son, et comme soubz ses pieds frapper aucun petiz coups, ainsi qui heurteroit du bout d'un baston dessoubz ung carreau ou un marchepied. Et sembloit proprement que ce que fesait ce son et ainsi heurtait fust dedans terre profondément; mays le son qui se faisoit estoit ouy quasi quatre doys en terre toujours soubz les pieds de la dicte pucelle. *Je l'ay ouy maintes fois et en me repondant sur ce que l'enqueroys frapoit tant de coups que demandoys.*

« ADRIEN DE MONTALEMBERT (1528). »

S'ensuit toute une conversation entre l'âme de la morte et les nonnes, communication obtenue entièrement par coups frappés.

5° Les « images astrales » des êtres et des choses, réflexion en négatif du plan physique.

6° Des fluides émanés de la Volonté humaine ou du monde divin et actionnant l'astral.

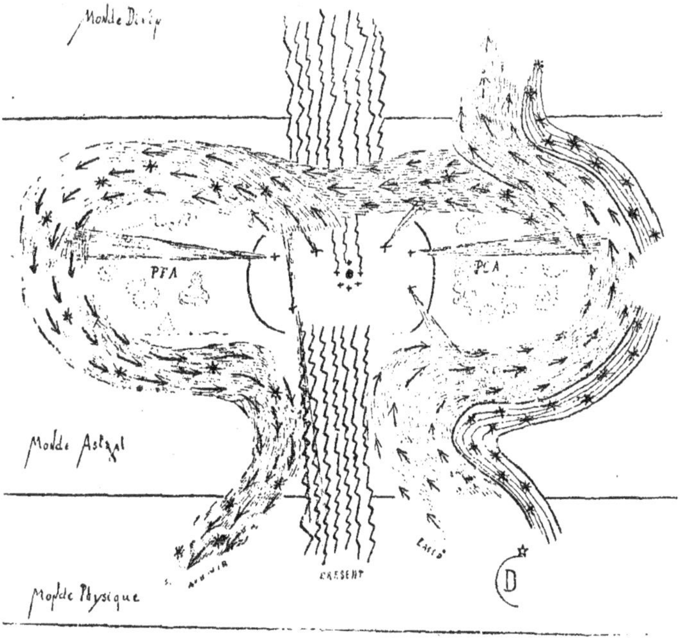

7° Des corps astraux d'êtres surchargés de matérialité (suicidés), d'êtres en voie d'évolution (élémentaires) et d'Entités humaines traversant l'astral, soit pour s'incarner (Naissance), soit après s'être désincarnés (Mort). On peut aussi y rencontrer les corps astraux d'adeptes ou de sorciers en période d'expérimentation.

§ 2. — L'ÉVOLUTION ET L'INVOLUTION

(*La Réincarnation*)

Les fluides qui circulent dans l'homme suivent dans leur marche plusieurs directions déterminées.

Ces directions sont établies d'après la situation respective et la fonction des centres d'action principaux de ces fluides.

On appelle *évolution* la marche suivie par un fluide pour s'élever d'un centre inférieur comme l'abdomen à un centre supérieur comme la poitrine.

On appelle *involution*, au contraire, la marche suivie par un fluide pour s'abaisser d'un centre supérieur comme la Tête, dans un centre inférieur comme la Poitrine.

Il y a donc dans l'être humain *une évolution et une involution*, dont nous allons dire quelques mots.

Chaque centre (tête, poitrine ou ventre) est pourvu d'organes qui reçoivent plusieurs courants fluidiques. Dans chaque centre, il y a d'abord un courant venu de l'extérieur et qui y retourne après avoir traversé le centre (aliments pour l'abdomen, air pour la poitrine, sensations pour la tête.)

Il y a ensuite un courant fluidique venu du centre inférieur, c'est-à-dire évolué (chyle pour la poitrine, sang pour la tête).

Le résultat de l'action d'un centre dépendra donc de ces trois facteurs :

1° Qualité de l'organe recepteur ou transformateur.

2° Qualité du courant venu de l'extérieur.

3° Qualité du courant évolué.

Ainsi la qualité matérielle et dynamique du sang est entièrement liée à la qualité des organes recepteurs (poumons), d'une part, à la qualité du chyle d'autre part, et enfin à la qualité de l'air inspiré.

Les partisans de la doctrine de l'évolution considérée dans son aspect analytique s'en tiennent à cette constatation que, dans la Nature (et ils pourraient ajouter dans l'Homme) on constate une progression de formes et de forces depuis les plans inférieurs jusqu'aux plans les plus supérieurs. Mais quelle est la cause de cette progression ? Pourquoi cette transformation se produit-elle ? La réponse à cette question est reléguée dans le monde dit de l'*inconnaissable*, et, cependant un peu d'attention permet d'entrevoir cette solution.

Voici une parcelle d'aliment introduite dans les organes digestifs. Elle ne deviendra assimilable que quand elle aura subi une évolution particulière, la transformant en matière organique humaine, c'est-à-dire en chyle.

Le positiviste se contenterait de constater cette évolution en la mettant sur le compte de la marche fatale de l'organisme sans aller plus loin.

Or demandons-nous quelle est la cause intime de la marche des organes digestifs ? N'est-ce pas l'afflux sanguin d'une part, et l'afflux de force nerveuse motrice d'autre part ?

Ces deux courants viennent des centres supérieurs; le premier de la poitrine, le second de la tête. Ce n'est donc que parce qu'il existe une *double involution* de forces agissant sur l'organe digestif que l'évolution de l'aliment en chyle se produit, ou pour réduire ces faits en une loi :

TOUTE ÉVOLUTION EST PRÉCÉDÉE D'UNE INVOLUTION

Ce qui se produit dans le microcosme se produit analogiquement dans le macrocosme, et la clef de l'évolution naturelle ne réside pas dans la constatation des changements de formes; mais bien dans la recherche des forces involutives génératrices de ces changements de formes.

Réincarnation

L'esprit immortel de l'homme paye dans une existence les fautes qu'il a commises dans une existence antérieure.

Pendant la vie terrestre, nous fabriquons notre destinée future.

A la mort du corps matériel, l'esprit passe d'un état inférieur à un état supérieur : il *évolue*. Au contraire, quand la naisssance dans un nouveau corps va se produire, l'Esprit passe d'un état supérieur dans un état inférieur : il *involue*.

Mais pendant ces séries d'évolutions et d'involutions l'Univers physique, astral et psychique poursuit sa marche en avant dans le Temps et dans l'Espace, si bien que ces séries ascendantes et descendantes que subit l'Esprit ne sont perceptibles que pour lui et n'agissent en rien sur le Progrès général de l'Univers.

C'est ce que nous montre l'exemple du steamer (Univers) qui poursuit sa route en avant sans tenir compte des ascensions ou des descentes que peuvent être amenés à faire les passagers, du pont aux diverses classes dont les cabines sont étagées dans le Navire. La liberté des passagers est entière, quoique circonscrite par la marche en avant du steamer qui les porte tous.

Pendant la série d'évolutions (mort) et d'involutions (naissance) que subit l'esprit immortel, l'Etre traverse diverses classes sociales dépendant de sa conduite dans les existences antérieures (1).

Entre les réincarnations, l'Esprit immortel jouit de l'état de félicité correspondant à l'idéal qu'il s'est créé pendant son incarnation.

Un riche qui a mésusé de sa richesse, un puissant qui a abusé de son pouvoir se réincarnent dans le corps d'un homme qui aura à lutter presque toute sa vie contre l'adversité. Cette adversité ne vient pas de Dieu, elle vient de l'emploi qu'a fait l'Esprit immortel de sa volonté dans les existences antérieures. Mais pendant cette incarnation l'Esprit pourra, par la patience dans les épreuves et l'opiniatreté dans la lutte, reconquérir en partie la place perdue (2).

Le Progrès existe donc pour le général et par suite il existe médiatement pour chaque être particulier. Mais *immédiatement* chaque être est susceptible de monter ou de descendre dans l'échelle sociale soit pendant sa vie, soit lors de sa réincarnation.

EXPLICATION DE LA FIGURE

1. — L'Esprit dans le monde divin (état de félicité).
1 à 2. — Involution de l'Esprit vers l'Incarnation.
2. — Incarnation dans le corps d'un homme riche et puis-

(1) L'homme doit connaître la source des malheurs qu'il éprouve nécessairement: et loin d'en accuser cette même Providence, qui dispense les biens et les maux selon son mérite et ses actions antérieures, ne s'en prendre qu'à lui-même s'il souffre par une suite inévitable de ses fautes passées. Car Pythagore admettait plusieurs existences successives et soutenait que le présent qui nous frappe et l'avenir qui nous menace ne sont que l'expression du passé, qui a été notre ouvrage dans des temps antérieurs.

HIÉROCLÈS (ve siècle).

(2) La puissance inévitable des lois de Dieu, qui, dans les siècles à venir rend à un chacun ce qui lui appartient selon la manière et les mérites de sa vie passée, de sorte que celui qui régnait durant sa première vie injustement retombait dans l'autre vie en état de servitude.

AGRIPPA (XVIe siècle).

sant. La Destinée fabriquée par cet homme durant sa vie est détestable.

3. — Evolution de l'Esprit vers le monde divin. Réalisation de l'idéal inférieur conçu pendant la vie.

4. — Réincarnation de l'Esprit dans le corps d'un homme accablé par l'adversité : conséquence de la vie antérieure.

4 à 5. — Pendant son incarnation, l'Esprit reconquiert une classe sociale plus élevée que celle qui lui était primitivement destinée.

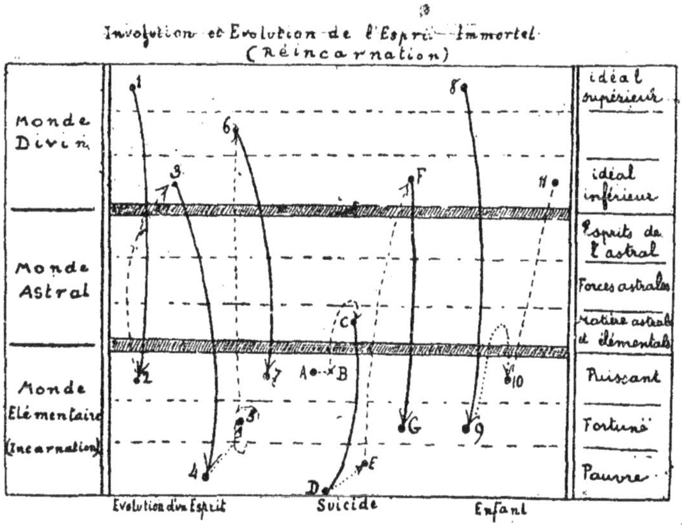

6. — Evolution vers le monde divin. Réalisation de l'idéal conçu dans la souffrance.

7. — Réincarnation dans le milieu social le plus élevé.

SUICIDE (1)

A. — Un homme appartenant à la classe sociale la plus élevée se suicide (B).

(1) En cas de suicide, l'âme reste quelque temps attachée à l'espèce de fantôme *d'image vide* du corps qu'elle a voulu quitter.

PORPHYRE (IIIe siècle).

B à C. — Son esprit n'évolue qu'en astral, et est en proie à l'action des élémentals.

D. — Réincarnation presque immédiate dans la classe sociale la moins élevée — souvent dans un corps infirme ou difforme.

E. — Evolution relative pendant la vie. Résignation à la souffrance.

F. — Evolution de l'Esprit dans le monde divin.

G. — Réincarnation dans une classe sociale assez élevée.

MORT-NÉ

8. — Départ de l'Esprit pour l'Incarnation.

9. — Incarnation. Le corps ne permet pas à l'Esprit d'accomplir sa carrière. L'Enfant meurt dans sa prime jeunesse.

10. — Réincarnation immédiate après un court passage en astral. (Une classe sociale plus élevée récompense l'Esprit des premières souffrances éprouvées.)

11. — Evolution vers le monde divin.

§ 3. — LA PRATIQUE

La Science occulte enseignée dans les sanctuaires antiques se divisait en quatre grandes sections.

L'étude et le maniement des êtres et des forces élémentaires ou *Alchimie*.

L'étude et le maniement des forces astrales ou *Magie*.

L'étude et le maniement des forces occultes de l'homme ou *Psychurgie*.

Enfin l'étude des forces de l'Empyrée et de leurs relations ou *Théurgie*.

Chacune de ces sections comprenait des subdivisions spéciales.

De nos jours, des bribes de ces enseignements pratique ont été retrouvées et sont mises en œuvre par des profanes sous les noms de : Magnétisme, Hypnotisme, Spiritisme, Télepsychie, Télépathie, Psychométrie et Sorcellerie. Nous allons passer cependant en revue les rapports de ces études, toutes modernes, avec les enseignements de l'occultisme.

L'homme, par un entraînement spécial portant sur la respiration, peut accumuler en lui le dynamisme nerveux.

Par la Prière, il spiritualise cette force accumulée, par le Verbe, il la concrète, et, par l'Action et la Volonté, il la dirige hors de lui (1).

L'ébranlement nerveux déterminé par cette série d'entraînements produit un état spécial, état dans lequel une partie du corps astral *s'extériorise* et peut agir à distance.

Cette action est alors consciente et répond au Fakirisme des indous ou à la Magie des anciens.

Mais, dans la plupart des cas actuels, cette action est semi-consciente (expériences de Horace Pelletier) ou inconsciente tout à fait (expériences des médiums) et des objets pourront être mus *à distance et sans contact* sous cette influence.

Ces phénomènes sont analogues à ceux de l'aimant agissant à distance et sans contact, et même à travers certaines substances matérielles, sur des objets métalliques; mais ici l'aimant est remplacé par un être humain, et le corps astral tient lieu de modificateur du champ magnétique.

Les phénomènes du *Magnétisme* des modernes sont produits par l'action du corps astral (fluide) d'un être humain sur le corps physique ou le corps astral d'un autre.

Cette puissance d'action était décrite au XVIe siècle par Agrippa dans son chapitre sur la Sorcellerie (2).

C'est encore à la possibilité qu'a le corps astral de s'extérioriser que se rapportent les idées des anciens sur l'envoûtement et l'action à distance, idées confirmées tout dernièrement par les expériences de suggestion hypnotique, de télepsychie, et par les derniers travaux de M. de Rochas (*Initiation*, avril 1892.

(1) L'âme purifiée par la prière tombe sur les corps comme la foudre; elle chasse les ténèbres qui les enveloppent et les pénètre intimement.

PARACELSE (XVIe siècle).

(2) La sorcellerie est une liaison ou un charme qui, de l'esprit du sorcier passe par les yeux de celui qu'on ensorcèle à son cœur, et le sortilège est l'instrument de l'esprit.

C'est-à-dire une vapeur pure, luisante, subtile, provenant du plus pur sang engendré par la chaleur du cœur, lequel renvoie continuellement par les yeux des rayons qui sont semblables, et ces rayons portent avec eux une vapeur ; cette vapeur porte le sang comme nous en voyons dans les yeux chassieux et rouges, dont le rayon envoyé aux yeux de ceux qui le regarde attire, avec la vapeur, du sang corrompu, et leur fait contracter la même maladie.

Ainsi un œil étendu ou ouvert qui jette ses rayons sur quelqu'un

La Psychurgie étudiait l'évocation des âmes et leur action sur le microcosme.

L'évocation pouvait porter sur des « *Images astrales* » ou sur des *Elémentaires*.

Dans le premier cas, un entraînement particulier mettait l'évocateur en état de somnambulisme demi-conscient, c'est-à-dire ouvrait à ses yeux le monde astral, tout en respectant le reste de son organisme. (*Presque tous les phénomènes modernes de* TÉLÉPATHIE *rentrent dans ce cas.*)

Dans le second cas, l'évocateur était isolé électriquement (par ses vêtements et par le sol) et psychiquement (par le cercle) du monde astral dont on attirait les êtres au moyen de l'évocation mentale aidée de substances capables d'augmenter le dynamisne des êtres évoqués (1).

Dans ce cas, l'âme évoquée s'entourait de fluide astral (s'entourait d'un petit corps d'air, disent les anciens) qui lui permettait de se rendre visible et de se matérialiser.

La substance constituant ces fluides qui entourent l'être évoqué a beaucoup d'analogie avec l'électricité. De là les pointes métalliques qu'on employait dans ces sortes d'évocations.

Aujourd'hui, l'empirisme le plus complet a remplacé ces rites de l'occultisme, basés sur une connaissance approfondie de la question.

Les séances de matérialisations spirites sont très rares, ne peuvent être produites à volonté, et ce sont le plus souvent des entités astrales qui dirigent les phénomènes, d'ailleurs très véritables, qui prennent naissance.

avec une forte imagination suivant la pointe de ces rayons qui sont les voituriers et les charriots ou porteurs de l'esprit, cet esprit lent battant les yeux de l'ensorcelé, étant excité par le cœur de celui qui le bat, étant entré dans l'intérieur de celui qu'il frappe et s'en étant rendu maître comme d'un pays qui lui appartient, cet esprit étranger blesse son cœur et l'infecte.

AGRIPPA (XVIe siècle).

(1) Et partant, cette image de l'âme prenant quelquefois un corps d'air, se couvre d'une ombre, et, s'en enveloppant, elle donne tantôt des avis à ses amis, tantôt elle travaille ses ennemis ; car les passions, le ressouvenir, les sensations restent avec l'âme après qu'elle est séparée d'avec le corps.

AGRIPPA (XVIe siècle).

Un autre procédé d'évocation consistait à remplacer le MOI d'un sujet entraîné par la Personnalité évoquée.

De là *les sybilles* de l'antiquité, dont « la fureur » correspondait à nos modernes manifestations de la crise hystérique, de là les *médiums à incarnations*, sujets somnambuliques ayant subi un entraînement particulier.

L'occultisme a toujours enseigné la possibilité qu'ont les entités de l'astral d'utiliser les êtres humains pour leurs communications (1).

L'évocation des « images astrales », dont l'existence est affirmée par l'occultisme depuis longtemps, vient d'être mise à jour expérimentalement dans le monde profane par la découverte de la *Psychométrie* (2).

Plusieurs expériences faites sous nos yeux à Paris ont pu nous convaincre de la réalité des faits observés en Amérique et en Allemagne.

En résumé :

Tous ces phénomènes de déplacement d'objets sans contact, d'apparitions de personnes décédées, de matérialisation ou d'incarnations, de télépsychie et de télépathie se rapportent presque tous à la Psychurgie des anciens. Ils sont basés sur ce fait que les appareils physiques, générateurs des forces étudiées jusqu'à present, sont remplacés par un être humain qui a subi un certain ébranlement nerveux, c'est-à-dire par un appareil psychique, générateur de forces encore non définies.

(1) L'on dit, outre cela, que l'humeur mélancolique est si impérieuse que par son feu, sa violence et son impétuosité, elle fait venir les esprits célestes dans les corps humains, par la présence et l'instinct ou l'inspiration desquels tous les Anciens ont dit que les hommes étaient transportés et disaient plusieurs choses admirables.

. . . .

Ils disent donc que l'âme étant poussée par l'humeur mélancolique rien ne l'arrête, et qu'ayant rompu la bride et les liens des membres de son corps, elle est toute transportée en imagination et devient aussi la demeure des démons inférieurs, desquels elle apprend souvent ces manières merveilleuses des arts manuels ; c'est par là qu'on voit qu'un homme fort ignorant et fort grossier devient tout d'un coup un habile peintre ou un fameux architecte ou un habile maître en quelque autre art.

Agrippa (xvie siècle).

(2) Tout un chapitre du *Crocodile* de Saint-Martin est consacré à la description de ces *images astrales*.

De là les conditions si difficiles d'expérimentation, de là la fraude, le mensonge, l'orgueil des médiums et des sujets: Mais encore une fois rien n'est surnaturel dans tout cela, il n'y a là que du « naturel » un peu plus élevé que celui que nous connaissons, et voilà tout.

Dans quelques villages on trouve encore des « sorciers » produisant des phénomènes sérieux. Le sorcier a conservé tant bien que mal des bribes d'anciennes pratiques d'occultisme, et, servi par une volonté exercée par la solitude, il manie les fluides magnétiques et psychiques avec assez de puissance:

Le sorcier est à l'occultiste ce que l'ouvrier est à l'ingénieur.

L'ouvrier sait faire « sa pièce » d'après les règles qu'il a apprises à l'atelier ; mais il ne sait pas les discussions mathématiques touchant les courbes que son tour produit.

De son côté, l'ingénieur capable d'établir les règles qui doivent guider l'ouvrier serait fort embarrassé s'il lui fallait faire lui-même et ajuster une pièce complète.

Ainsi le sorcier produit en quelque sorte mécaniquement des phénomènes occultes dont l'occultiste connaît la raison d'être et la théorie (1).

L'occultiste pratiquant, dont il se trouve quelques représentants en Afrique et dans l'Inde, est comparable à l'ingénieur qui connaît pratiquement plusieurs métiers et qui en a fait un sérieux apprentissage.

Aussi voit-on l'inanité de ceux qui s'intitulent « mages » ou « hiérophantes » à notre époque et qui sont incapables de produire des phénomènes psychiques de dernier ordre.

Ceci nous amène à dire quelques mots des opérations pratiques de l'occultisme.

En règle générale, le principe directeur dans toute opération est La Volonté humaine, le moyen d'action, l'outil employé est le fluide astral humain ou naturel, et le but à atteindre est la réalisation (sur le plan physique généralement) de l'opération entreprise.

Les cérémonies, les difficultés accumulées par le rituel, les symboles, constituent les procédés les plus élémentaires d'entraînement de la volonté humaine.

L'hygiène physique (aliments, végétarisme, jeûne), animique (rythme respiratoire) et psychique (spiritualisation des sensa-

(1) Voir à ce propos l'important et savant ouvrage de Stanislas de Guaita : *Le Serpent de la Genèse*. C'est sans contredit la plus belle étude contemupraine sur la Sorcellerie et l'Histoire du Diable.

tions) sont destinées à l'entraînement du corps astral ainsi que les parfums.

Par contre, l'emploi de l'épée, de la coupe, du sceptre, du cercle et des talismans ainsi que les paroles proférées avec force sont destinées à l'action sur l'astral de la nature et sur les êtres qui la peuplent.

Le problème magique consiste à obtenir *consciemment* et *sans médium* tous les phénomènes obtenus par les modernes spiritualistes dans leurs séances obscures et d'autres encore.

Il faut donc qu'une partie du corps astral de l'opérateur soit projetée au dehors et trouve un appui dans les substances disposées d'avance à cet effet. Et l'opérateur ne doit jamais perdre conscience, car alors ce serait non plus un occultiste pratiquant, mais un sujet ou un médium inconscient. Ce résultat d'action consciente sur l'astral est journellement obtenu dans l'Inde. L'emploi des sujets magnétiques facilite beaucoup les opérations magiques, en permettant la suppression de la victime, dont le corps astral était utilisé et permet d'obtenir des phénomènes très importants ; c'est ce que nous avons pu constater nous-même.

Le groupement des étudiants sérieux est donc fort important, et c'est là ce que redoute particulièrement certain auteur contemporain, très grand artiste, mais piètre homme de science, qui, dans une sorte de « catéchisme du mage », exhorte ses disciples à s'égoïser dans la solitude et l'orgueil. Un étudiant en occultisme qui travaille depuis un an seulement comprend assez la raison d'être de telles exhortations pour qu'il nous soit inutile d'insister.

En résumé, l'occultisme pratique demande une série d'efforts très sérieux, basés sur une connaissance assez approfondie des forces occultes de la Nature et de l'Homme pour mériter l'attention de tout chercheur consciencieux.

Et, plus on étudie, plus on peut se rendre compte qu'il n'y a là rien qui aille à l'encontre des enseignements positifs de nos sciences actuelles. Les forces étudiées sont analogues au magnétisme et à l'électricité, avec l'intelligence animale en plus ; les générateurs de ces forces sont des êtres vivants, au lieu d'être des machines ou des appareils physiques ; de là de nouvelles propriétés et de nouvelles méthodes d'expérimentation ; mais, encore une fois, rien de tout cela n'est surnaturel ; car le surnaturel n'existe pas (1).

(1) De cette manière, tout ce que pense l'Esprit d'un homme qui aime ardemment a de l'efficacité pour l'amour ; et tout ce que pense l'esprit d'un homme qui hait beaucoup a de l'efficacité pour nuire et pour détruire. AGRIPPA (XVIe siècle).

Le sorcier qui cueille à minuit des plantes sur la montagne en prononçant des mots étranges et en faisant des gestes bizarres n'est pas plus aliéné en soi que la locomotive qui siffle et qui jette des flammes sur la voie ferrée. La locomotive est une machine génératrice de forces physiques, le sorcier est une autre machine génératrice consciente de force psychique et qui s'entraîne. Quand on voudra bien ramener le problème à ces justes limites, les expériences spirites pourront devenir la base d'un enseignement réellement scientifique. Les mystiques y perdront ; mais la science y gagnera.

Encore une fois, toutes ces pratiques, si étranges et si nouvelles pour nous, étaient parfaitement connues de l'antiquité.

On enseignait, dans les Mystères, que l'homme qui s'exerçait aux pratiques psychurgiques et qui parvenait à *l'extase* puisait à la source directe de toutes les connaissances (1).

En s'élevant seulement jusqu'au plan astral par *la fureur* (transe de nos jours), l'être devenait capable d'exercer les pouvoirs du *prophète*. Ce don de prophétie n'était développé qu'à la suite de pratiques longues et très sérieuses.

Tout cela est perdu, ou à peu près, pour nos comtemporains d'Occident (2).

CHAPITRE III

LES APPLICATIONS DE L'OCCULTISME

Après avoir parcouru ce qui précède, le lecteur se dira presque sûrement : « On vient de nous exposer un système plus ou moins ingénieux sur des points si étrangers

(1) La connaissance par excellence a lieu sans l'aide de l'intelligence par l'extase, analogue à la vision qu'on éprouve dans le sommeil.
PORPHYRE (IIIe siècle).

(2) La prophétie est un état de perfection que la providence n'accorde pas à tous les hommes, mais qui ne peut exister cependant qu'avec certaines facultés et certaines conditions naturelles, les unes physiques, les autres morales, les autres intellectuelles.
Au premier rang de ces conditions, il faut placer l'imagination ; car elle seule peut expliquer les visions, les songes prophétiques, et ce qu'il y a souvent de bizarre et de choquant pour nous dans les récits des prophètes.
A l'imagination doit se joindre une raison prompte et tellement

au positivisme contemporain, que tout cela nous semble bien métaphysique. Des citations, prises à des auteurs ayant vécu à des époques très différentes, nous montrent que ce système est très vieux, dans ses grandes lignes, et que l'humanité, lasse de la solide nourriture de la Science, revient aux sucreries de la philosophie à chaque « fin de siècle ».

Le lecteur aurait pleinement raison si notre but était de nous en tenir là et de remplacer par du mysticisme philosophique le pessimisme qui a envahi toute la précédente génération. Le mysticisme est aussi dangereux à notre avis que le matérialisme, et les études scientifiques seront toujours le refuge des esprits inquiets ou découragés.

Mais tout est à refaire dans les méthodes d'exposition scientifique. La multiplicité des détails et l'absence d'une synthèse générale écrase les esprits les plus éminents, et la spécialisation s'impose à tous de très bonne heure.

Or, si nous disons à tous les jeunes, avides, de travail et de nouveauté : « Tournez-vous sans crainte vers ce passé qu'on vous à défiguré ; cherchez la méthode qui a permis à l'Egypte de faire éclore la civilisation intellectuelle de la Grèce, cherchez les traces de cet enseignement dans la profonde philosophie des alchimistes. » ce n'est pas dans l'espoir d'imposer à leur efforts la connaissance d'une vieille science archéologique et momifiée.

Non certes. C'est dans l'espoir qu'ils trouveront, grâce à cette étude, une clef générale des sciences de l'avenir, c'est

exercée qu'elle puisse saisir les choses d'un seul coup d'œil et passer de l'une à l'autre, sans avoir conscience de sa marche.

Il existe, en effet, dans chacun de nous, une certaine faculté de juger de l'avenir par le présent, et qui se change par l'exercice en une véritable intuition : cette faculté, portée à sa plus haute perfection devient un des éléments de la prophétie.

Mais ce n'est rien de voir promptement les choses éloignées et de les voir avec son esprit, comme on pourrait le faire avec les yeux ; il faut encore avoir le désir de les faire connaître aux autres quand elles peuvent leur être utiles et le courage de les proclamer en face même de la mort ; en un mot, le caractère doit être au niveau de l'intelligence.

Enfin, la première condition que le prophète doit remplir, c'est que son tempérament et sa constitution physique n'apportent point d'obstacle à ce noble essor de l'âme ; car il existe une relation intime entre certaines facultés de l'esprit et certains organes du corps, notamment entre l'imagination et le cerveau.

MAIMONIDE (XIIe siècle).
(2e partie, ch. XXXVI à XXXVIII.)

dans la certitude qu'allant de l'avant, ils sauront éviter le grand danger de toutes les réactions spiritualistes : le cléricalisme. Et nous leur dirons :

« Le matérialisme se meurt en science comme en art; vous sentez que des aspirations nouvelles s'éveillent en vous; et, guidés par les idées de votre enfance, vous avez besoin d idéal. Prenez garde, le cléricalisme veille. Il vous parlera de cette noble figure de Jésus de Nazareth, des grandeurs de la Foi et des plaisirs mystiques de l'Amour divin, il vous incitera à suivre la carrière qu'il vous indique et couvrira votre esprit de cette sombre teinte qui couvre le corps de ses prêtres.

« Si l'enseignement clérical ne conduisait pas l'esprit au sectarisme, en voulant imposer cette erreur grossière qu'une religion est seule capable de sauver l'humanité, si cet enseignement n'incitait pas à la guerre pour des questions de Foi, à la guerre de religion totalement inconnue de toute l'antiquité soit disant païenne et de tout l'Orient, — je vous dirais tout le premier : allez chercher là votre idéal. Mais, en toute conscience, je ne le puis, car vous seriez trompés. »

Il n'y a pas de Religion plus élevée que la vérité, disent les Maharajàh de Bénarès, et le premier caractère de la vérité c'est d'être synthétique et non sectaire (1) — Allez donc sans crainte à la Science, et prenez pour devise : Ni Voltaire ni Loyola.

La science fera d'abord de vous des matérialistes, soit; mais elle vous armera ainsi contre les entreprises futures de tous les clergés, des pharisiens de tous pays. Vous serez les premiers à vouloir sortir de la myopie intellectuelle que le positivisme impose à ses adhérents, et alors n'hésitez plus : étudiez les enseignements du Passé, et vous vous ferez votre foi à vous même par la Raison et par la Science.

L'Occultisme ne vaut pas par son caractère archéologique, il ne vaut pas par l'étude qu'il fait des phénomènes étranges produits de nos jours. On n'établit pas une doctrine scientifique sur une vieille pierre, pas plus que sur la foi d'un hystérique qui se dédouble. L'occultisme ne vaut que par ses applications

C'est parce que ceux qui étudient la science occulte peuvent apporter de nouvelles méthodes à l'artiste aussi bien qu'au savant, à l'homme politique aussi bien qu'au philosophe que

(1) La raison et la science sont pour nous la véritable source de la vérité et le culte le plus pur que nous puissions rendre à Dieu.
MAIMONIDES (XIIe siècle).

l'occultisme peut être étudié par des hommes sérieux. Ce sont ses applications à l'avenir qui permettent de le défendre hautement à notre époque toute de Raison.

Dans cette dernière partie de notre exposé, nous voulons aborder très sommairement les applications de la Science Occulte à quelques-uns des problèmes scientifiques et philosophiques contemporains. Nous terminerons en indiquant l'état actuel du mouvement provoqué en France par l'occultisme dans ces dernières années.

Le problème qui, généralement, intéresse le plus l'homme, c'est lui-même.

Que sommes-nous, et, par suite, où allons-nous, et d'où venons-nous ? La vie a-t-elle un but ? Sommes-nous libres ou déterminés ? Existe-t-il une sanction quelconque à nos bonnes ou à nos mauvaises actions ? Existe-t-il même des actions qui soient bonnes et d'autres qui soient mauvaises ?

A cela le matérialisme répond ; nous sommes le produit d'une évolution matérielle, et l'agrégat de cellules qui constituent notre MOI disparaîtra à la mort et s'en ira constituer d'autres organismes. Nous venons par hasard et nous allons au néant. Nos facultés comme nos actions dépendent de l'hérédité, du milieu et de nos organes. Nous ne saurions être plus responsables que la roue d'omnibus qui écrase un imprudent ou la tuile tombée du toit qui tue le passant ; le mal ou le bien sont des mots inventés par notre orgueil pour satisfaire nos vanités Le gendarme est encore la sanction morale la plus élevée. L'homme, ainsi conçu, est composé d'un vil principe : le corps physique.

Le catholicisme nous apprend que nous sommes composés d'un corps mortel et vil et d'une âme immortelle. L'un vient de la poussière, c'est le corps. et il y retournera ; l'autre vient de Dieu, c'est l'âme et elle ira après la mort en Paradis entendre chanter des anges et contempler un Dieu anthropomorphe, si elle a été sage, ou si elle a été méchante, dans l'Enfer pour l'Eternité. Si elle a été neutre et a gardé quelques péchés véniels, le Purgatoire lui tend ses tourments pour quelques milliers d'années seulement. Le reste est à l'avenant et capable de satisfaire pleinement les intelligences moyennes. Mais l'anatomiste et le physiologiste se demandent encore comment ce principe si pur peut bien actionner le rectum ou se livrer aux douceurs de la chylification.

Entre ces deux extrêmes, la philosophie dite spiritualiste, à l'usage des bacheliers et des élèves de l'Ecole normale... fait de l'histoire et de la critique. C'est ce qu'il y a de plus sage.

Or l'occultisme entend apporter une série d'hypothèses susceptibles d'expliquer rationnellement la constitution de l'homme aussi bien au physiologiste qu'au philosophe (1).

L'existence, non pas comme entité métaphysique, mais bien à titre de réalité physiologique d'un principe d'action intermédiaire entre les organes physiques et les facultés intellectuelles, permet de résoudre simplement la plus grande partie des problèmes posés. Le matérialiste a parfaitement raison dans ses affirmations, mais il s'arrête à l'étude du corps physiques ; le spiritualiste est aussi dans le vrai, mais il n'étudie que le pôle opposé de la balance : l'Esprit conscient. L'occultiste cherche, non pas à détruire, mais à unifier les efforts de la Philosophie et ceux de la Science (2).

Le But de la vie, dit-il, c'est de fabriquer soi-même sa destinée future, car l'homme est libre dans le cercle de fatalité qui l'entraîne, comme le passager du steamer est libre dans sa cabine.

Tout ce qui existe a droit à notre respect : le Corps physique autant que l'Esprit. Le Mysticisme est une perte de l'équilibre moral, aussi grande que le Sensualisme. La sanction de nos actes, c'est nous-mêmes qui la créons, c'est nous-mêmes qui supportons les erreurs de nos mauvaises actions soit dans cette vie, sur nos biens matériels, soit dans une existence future lorsque nous nous réincarnerons.

La doctrine de la *réincarnation* soit sur cette Terre soit dans un autre lieu de l'Espace, donnée comme sanction morale de nos actions et comme origine de notre situation dans la société, a toujours été enseignée par l'Occultisme (3).

(1) *But de la vie.* — L'on doit s'occuper de ses intérêts et exercer une profession honnête, non pour amasser des richesses mais pour se procurer les choses nécessaires à la vie.

On doit se procurer les choses nécessaires à la vie et même l'aisance, si l'on peut, non en vue des jouissances qu'elle procure, mais pour écarter de soi les soucis et la douleur, pour conserver un esprit libre dans un corps sain.

Enfin, il faut employer ce double avantage : la liberté de l'esprit et la santé du corps, à développer son intelligence et à la conduire, par le chemin de la science, à la connaissance de Dieu.

MAIMONIDES (XIIe siècle).

(2) Acquérir la Vérité par ses facultés intellectuelles, la Vertu par ses facultés animiques, la Pureté par ses facultés instinctives.

FABRE D'OLIVET (1820).

(3) Sur cette terre, les âmes passent dans plusieurs corps ; mais une fois qu'elles ont atteint un corps humain, elles ne descendent plus dans celui des animaux.

PORPHYRE (IIIe siècle).

Chacun des principes constituant l'homme vient d'un plan d'action différent. Le corps physique vient du monde physique et y retourne. Le corps astral vient du plan astral. L'Être psychique est une résultante de la combinaison du corps astral avec l'Esprit ; c'est l'étincelle du MOI actuel qui ne sera plus le MOI de la prochaine existence (1).

A la mort, l'homme change *d'état* et non de lieu. Il réalise l'idéal qu'il s'est forgé dans sa dernière existence et cet idéal subsiste d'autant plus longtemps qu'il a été conçu avec plus d'intensité.

Puis l'entité spirituelle se réincarne et poursuit ainsi son évolution individuelle, monte et descend dans l'échelle sociale, mais progresse malgré elle ; car le système entier évolue vers la Réintégration finale. Le Progrès existe pour la généralité s'il semble ne pas exister pour l'individu (2).

Mais l'évolution, pour être réelle, doit être collective. Les collectivités ont les mêmes lois d'existence, de maladie et de mort que les individus ; l'homme est à l'humanité ce qu'une cellule du corps humain est à l'Etre tout entier. Il existe donc une science du social, une anatomie et une physiologie de la Nature ignorées de nos politiciens contemporains et à la réédification desquelles travaillent un grand nombre d'occultistes. (Citons surtout à ce point de vue les travaux de F.-Ch. Barlet et de Julien Lejay).

La société est un être complet, ayant ses organes : économiques ou abdominaux, juridiques ou thoraciques et enseignants ou céphaliques.

La Science de la société, de son évolution et de sa transformation normale ou pathologique, c'est là la véritable clef de l'Histoire, qui est à refaire pour celui qui saura appliquer à cette branche du savoir humain les enseignements de l'occultisme.

(1) L'âme de l'homme, venant immédiatement de Dieu, se joint par des moyens convenables au corps matériel ; et à cet effet premièrement à sa descente même et aux premières approches elle se trouve revêtue d'un petit corps d'air, qu'on appelle le véhicule éthéré de l'âme, d'autres le nomment le charriot de l'âme.

. . . .

Lorsqu'elle joint son charriot à la chaleur, elle se joint à l'esprit provenant du cœur, et, par cet esprit, elle se plonge dans les humeurs, elle se prend aux membres et s'approche de tout également du plus près qu'elle peut.

AGRIPPA (XVIe siècle).

(2) Ce n'est pas notre âme qui souffre et qui meurt, c'est le personnage.

PLOTIN (IIIe siècle).

La Tradition historique concernant les anciennes civilisations de la Lemurie et de l'Atlantide, ainsi que la Loi d'évolution des races générées chacune et à époques fixes par un continent particulier, puis anéanties également à époques fixes pas un cataclysme cosmique, cette tradition est à peine soupçonnée dans ses conséquences par les contemporains (1).

Tri-Unité de l'Homme. Identité des lois physiologiques et psychologiques de l'individuel et du collectif. Sanction morale donnée par la Réincarnation. Progrès général et liberté de monter ou de déchoir dans le cercle de la fatalité, pour l'individu. L'homme facteur personnel de sa chance et de sa malchance, sans avoir à subir après la mort d'autre jugement que celui de l'Idéal que sa conscience a manifesté. Tels sont, résumés, les points principaux mis à jour par la Science Occulte concernant l'homme. Ajoutons l'existence des êtres androgynes formés sur le plan divin par la fusion des âmes sœurs, la théorie des images astrales, des élémentaires et de l'évocation, et nous aurons montré comment l'occultisme explique les phénomènes qui déroutent tant nos savants contemporains, presque tous imbus des principes matérialistes.

Extension de l'anatomie et de la physiologie par la création de l'anatomie philosophique et de la physiologie synthétique, création presque entière de la psychologie par l'étude des facultés normales et transcendantes de l'être psychique et de l'esprit conscient ; réédification de l'histoire et création de la politique synthétique, de l'anatomie et de la physiologie sociales, telles sont les principales applications que l'étude de l'homme individuel ou collectif permet d'offrir aux occultistes de l'avenir. Et certains jeunes gens prétendent que leur activité n'a plus de débouchés !

Après avoir parlé tant bien que mal de l'homme, que dirons-nous des aspects divers sous lesquels nos contemporains envisagent la Nature?

(1) Une constatation curieuse peut être faite à propos du Progrès et des inventions humaines. L'homme, dans ses inventions, reproduit, plus ou moins exactement, sa propre constitution. Après avoir inventé les machines mues par des ressorts ou des leviers, il en est arrivé à inventer les machines à vapeur, dans lesquelles la multiplicité des tubes rappelle la poitrine de l'homme et les vaisseaux dans lesquels circule le sang. Actuellement les machines électriques, rappelant par leurs innombrables fils la constitution du système nerveux, sont à l'ordre du jour. La machine idéale serait donc celle qui représenterait le mieux l'homme tout entier en offrant un mélange de ressorts (abdomen) de tubes (thorax) et de fils conducteurs (tête).

P.

Le hasard conduit tout. Des boules réliées par des hypothèses constituent l'Univers infini et le Progrès et l'Évolution et le Transformisme actionnent minéraux, végétaux et animaux, au petit bonheur de la sélection naturelle. Toute la nature avec ses forces physiques et ses affinités chimiques évolue majestueusement pour atteindre l'homme, et, quand cette évolution arrive à l'homme, celui-ci retourne au néant, et ainsi de suite à perpétuité. Voilà très hativement résumé l'enseignement du matérialisme.

Faut-il parler de l'enseignement de la foi catholique ? Cet enseignement, considéré comme un dogme, étant basé sur une traduction erronée d'un livre de physique écrit par un prêtre d'Osiris surnommé Moïse, nous n'en parlerons pas : car la collection de barbarismes accumulés par les traducteurs, ne mérite certes pas qu'on s'y arrête un seul instant.

Entre les physiciens et les philosophes, nous voyons encore apparaître les occultistes. A la théorie de l'évolution du physique vers le psychique, ils ajoutent l'affirmation de l'involution du psychique vers le physique, et c'est du jeu de ces deux courants que résulte la création.

L'unité de force et l'unite de substance, condensées elles-mêmes dans l'unité du mouvement, origine et de la force et de la substance, a toujours été enseignée par les alchimistes, détenteurs de la tradition ésotérique.

Enfin l'existence du plan astral, facteur et conservateur du plan physique, intermédiaire entre le plan créateur et la matière, permet de résoudre une quantité de problèmes encore obscurs (1).

Les relations étroites qui unissent le Macrocosme et le Microcosme donnent, de plus, à l'occultiste des nouvelles facilités pour la solution de ces problèmes par l'emploi de la méthode analogique.

Etablir à côté des enseignements analytique des contemporains sur l'astronomie la physique, la chimie et les diverses sciences naturelles, une série d'ouvrages synthétiques où les caractères généraux de ces sciences, découverts à l'aide de l analogie, seraient intégralement mis au jour, montrer qu'une seule et même loi dirige toutes les manifestations de la Nature,

(1) Il n'y a point de membre dans l'homme qui ne corresponde à un élément, une planète, une intelligence, une mesure, une raison dans l'archétype.

PARACELSE (XVIe siècle).

voilà encore un nouveau champ ouvert à l'activité du chercheur qui veut étendre les applications de l'occultisme.

La question de l'existence d'un principe créateur universel, indépendant de l'action immédiate de la création, grâce à l'existence du plan astral et du microcosme, soulève à notre époque des querelles purement métaphysiques. Aussi ne nous appesantirons-nous pas sur ce point, renvoyant le lecteur à ce que nous avons dit touchant l'archétype.

LES SOCIÉTÉS

L'Occultisme, considéré au point de vue de son action sur l'être individuel, a pour but, avant tout, de développer dans cet être la spontanéité et d'exalter la personnalité.

Voilà pourquoi les premières études doivent être individuelles et faites dans le recueillement et le travail. Il faut apprendre à connaître la puissance de sa volonté.

Mais c'est là seulement le début, c'est la création par l'être d'un dynamisme qui le perdra s'il n'est pas exercé sur le monde extérieur.

Une fois armé, il faut pouvoir sans crainte se lancer dans la mêlée ; il faut agir sur la société rebelle par l'action, par la science ou par l'art.

C'est alors que le jeune chercheur voudra entrer en relations avec les sociétés s'occupant de près ou de loin de ces questions. Il entrera soit dans un groupe spirite, soit dans une société magnétique, soit dans un groupe d'études philosophiques.

Aussi nous faut-il, pour terminer, dire quelques mots des diverses idées représentées et des principales écoles existant actuellement en France. Tout d'abord, quel titre prends le nouveau venu ?

DES TITRES ET DES GRADES

Dans l'antiquité, les grades scientifiques étant délivrés par des facultés conférant tous les titres après des épreuves initiatiques; ces grades avaient tous un caractère sacerdotal.

C'est ainsi que le mot d'*Hermès trismégiste* désignait l'Université centrale, dont toutes les facultés régionales appelées *Temples* étaient les branches.

Les docteurs de chacune de ces facultés prenaient le nom de *prêtres*: prêtre d'Esculape, docteur en médecine, prêtre d'Apollon, docteur ès arts, etc., etc. — De plus, les hauts grades scientifiques conférés dans les divers centres donnaient les titres successifs de *fils de la femme* (licencié), *fils des Dieux* (agrégé), *fils de Dieu* (initiateur pratique et professeur) etc., etc. Ces noms changeaient du reste suivant les Universités. En Egypte, le *myste* et *l'épopte* indiquaient des grades équivalents aux hauts grades des mystères de Mithra, en Perse, et *l'épopte* équivalait au titre de *mage*, qui, chez les Juifs initiés, équivalait au *kabbaliste*.

A notre époque, les sociétés secrètes ont conservé certaines appellations sacerdotales. Mais, pour éviter le ridicule, ces grades sont généralement désignés par une lettre M.·., ou par un chiffre 18° .·.·., à moins qu'ils n'appartiennent au titre de l'ordre.

Aussi, lorsque vous verrez, à notre époque, des individus s'intituler « Mages » ou « Hiérophantes » ou « fils de Dieu », sans qu'il existe d'Assemblée patente ou occulte capable de leur délivrer de pareils titres, à *l'examen*, soyez persuadés que vous avez affaire à des ignorants ou à des vaniteux, si ce n'est plus.

L'OCCULTISME ET LE SPIRITISME

Nous avons déjà souvent parlé, dans le cours de notre exposé, des phénomènes dits spirites. L'existence de ces phénomènes constitue aujourd'hui un fait aussi indéniable que l'existence des phénomènes de l'hypnotisme et de la suggestion.

Mais les savants qui se sont occupés de ces faits, comme Crookes et Lombroso, s'ils en ont certifié la réalité, ont toujours fait les plus grandes réserves concernant la théorie spirite.

Il suffit du reste de lire un article, assez mal documenté d'ailleurs, mais exposant bien les idées de nos savants contemporains, dans la *Revue Philosophique* du 1er avril 1892. L'auteur est M. Paul Janet. On y verra comment les théories sont considérées par les philosophes contemporains.

C'est après avoir reconnu l'insuffisance de la théorie spirite au point de vue des exigences de la science contemporaine que nous avons été amenés à exposer les idées de l'occultisme touchant les mêmes faits.

L'occultisme ne nie pas, n'a jamais nié la possibilité de communiquer avec les êtres défunts ; mais il restreint considérablement le nombre des communications réelles. La plupart du temps, en effet, il s'agit de faits d'auto-suggestion ou d'hypnotisme transcendant, faits dans lesquels les forces des médiums et des assistants interviennent seules.

Mais l'occultisme fournit de ces faits une théorie compliquée, abstraite, par quelques points, pour certaines intelligences, susceptible de satisfaire un esprit rigoureux, mais trop peu simple pour beaucoup de personnes,

Voilà pourquoi nous conseillons vivement à tous nos lecteurs, encore peu familiarisés avec ces questions, d'étudier d'abord la théorie spirite et de pratiquer le spiritisme au moyen de tous les médiums dont ils pourront disposer.

Et si même le spiritisme leur semble être l'expression totale de la vérité, si cette doctrine essentiellement consolatrice suffit à leurs aspirations, qu'ils se gardent bien de chercher autre chose.

Le spiritisme enseigne, en effet, la constitution ternaire de l'être humain, l'état de l'Esprit dans le plan astral est bien décrit par la doctrine de l'erraticité, la loi de la réincarnation avec toutes ses conséquences sociales est bien exposée, et un membre de l'ancienne université hermétique d'Egypte reconnaîtrait dans cette doctrine simple et consolante les préliminaires de toute initiation.

Le philosophe contemporain chercherait vainement, il est vrai, dans le spiritisme, une théodicée, une cosmogonie ou encore une métaphysique *originale* ; mais le spiritisme affecte un amour si intense pour l'expérimentation et un tel mépris pour toute doctrine métaphysique, fût-elle scientifique, que le philosophe n'a rien à dire.

Aussi, répétons-le encore, commencez toujours par le spiritisme, et, si cette doctrine répond pleinement à vos aspirations, restez en là. Nous ne sommes pas des sectaires prétendant à la possession exclusive de la vérité, nous sommes des chercheurs indépendants, et toute conviction sincère mérite notre respect.

Si toutefois l'action constante des « Esprits » dans la production de ces phénomènes ne vous semble pas si évidente qu'on veut bien le dire ; si vous remarquez des analogies étroites entre les communications obtenues et l'intellectualité du médium, si vos études conduites d'après les principes du positivisme, vous portent à étudier les rapports de l'hypnotisme et des faits spirites que vous pourrez constater, alors abordez l'occultisme, rendez-vous compte des théories qu'il met en avant par l'explication de ces faits encore étranges.

L'étude et l'explication des phénomènes de l'astral ne constituent qu'une infime portion du domaine de l'occultisme ; nous l'avons vu. Aussi n'avons-nous parlé de ces faits que pour montrer que, si beaucoup de ceux qui travaillent actuellement à l'application de l'occultisme à nos connaissances contemporaines ont commencé par étudier pratiquement le spiritisme, c'est qu'en effet c'est là la voie que nous conseillons vivement à tous les commençants de suivre.

Un occultiste qui ne connaîtrait pas la théorie spirite et les phénomènes spirites serait certes une exception parmi nous. Ce n'est qu'en commençant par là qu'on peut se rendre compte ultérieurement des complications et des difficultés apparentes que présente l'occultisme aux débutants.

On a voulu faire des occultistes les adversaires des spirites. Pourquoi ? L'occultisme est bien plus abstrait, bien plus compliqué dans ses explications que le spiritisme. Aussi sommes-nous persuadés qu'il suffit de s'entendre et que le temps se chargera de mettre tout le monde d'accord.

LA « SOCIÉTÉ THÉOSOPHIQUE »

Si nous conseillons vivement à nos lecteurs de commencer sans crainte leurs études par les phénomènes et les théories spirites, c'est qu'il se trouveront là en présence de chercheurs dont la sincérité ne peut généralement pas être mise en doute.

Par contre, nous leur conseillons la plus grande prudence si jamais il viennent à être mis en rapport de près ou de loin avec la Société dont le nom figure ci-dessus. Qu'il leur suffise de savoir que tous les écrivains français se sont retirés subitement de cette Société, et que nous-même nous avons dû demander par deux fois notre expulsion d'un tel milieu. Nous ne voulons pas en dire plus.

Mais, si quelque lecteur désire s'occuper d'orientalisme et spécialement de l'occultisme en Orient, qu'il se rendre au Musée Guimet s'il est à Paris et qu'il se mette en relations avec la direction. Sinon, qu'il se procure les publications, en langue anglaise et *faite par l'Etat*, concernant le Bouddhisme et les religions et philosophies de l'Inde.

Tout cela ne lui coûtera rien, ou, tout au moins, lui coûtera très peu de chose, et il apprendra ainsi *sérieusement* la question. Ensuite, s'il veut s'amuser, qu'il étudie les enseignements dits « ésotériques » de la Société Théosophique, et nous sommes persuadé qu'il sera le premier à nous remercier du conseil que nous lui avons donné tout d'abord.

LE GROUPE INDÉPENDANT D'ÉTUDES ÉSOTÉRIQUES

Il y a bientôt trois ans (novembre 1889), était fondé le *Groupe indépendant d'Études ésotériques*. Le but était le suivant :

1° L'étude impartiale, en dehors de toute académie et de tout cléricalisme, des données scientifiques, artistiques et sociales, cachées au fond de tous les symbolismes, de tous les cultes et de toutes les traditions.

2° L'étude scientifique, par l'expérimentation et l'observation, des forces encore inconnues de la nature et de l'homme (phénomènes spirites, hypnotiques, magiques et théurgiques).

3° Le groupement de tous les éléments épars en vue de la lutte contre les doctrines désespérantes du matérialisme et de l'athéisme.

Aucun droit d'entrée, aucune cotisation ne sont demandés aux membres. Les abonnés d'une des revues publiées par le Groupe font de droit partie des cercles d'études, sur leur demande.

A l'heure actuelle (1892), le Groupe, fondé à l'origine dans un petit bureau, possède à Paris, 29, Rue de Trévise, une salle de conférences et une salle de lecture annexées à une librairie, la Librairie du Merveilleux, spécialement consacrée à la vente et à l'édition des ouvrages spiritualistes. De plus, le Groupe compte, tant à Paris qu'en Province et à l'Etranger, 96 Groupes d'expérimentation, Branches et Correspondants. C'est la seule Société spiritualiste qui, en France, ait pu constituer un tel groupement, régulièrement établi.

Les travaux se poursuivent à Paris dans des commissions (Groupes d'études fermés) s'occupant chacune d'une question spéciale.

Les rapports sont publiés dans le *Voile d'Isis*, organe hebdomadaire du Groupe.

En plus de ce *Voile d'Isis* (Rédacteur en chef : Julien Lejay, secrétaire de la rédaction, L. Mauchel), le Groupe possède *l'Initiation*, revue mensuelle dirigée par Papus, *Psyché* revue mensuelle d'Art et de littérature (Rédacteur en chef, Emile Michelet, secrétaire de la rédaction Augustin Chaboseau) *The light of Paris*, hebdomadaire (directrice Mlle A. de Wolska).

Enfin plusieurs Sociétés d'études philosophiques ont fait adhésion au Groupe ; mais en conservant chacune son entière autonomie et toute son indépendance : citons spécialement :

La Société de Psychologie scientifique de Munich, *La Fraternité occulte* l'H. B. of L, *l'Ordre Kabbalistique de la Rose-Croix*, présidé par Stanislas de Guaita, le *Suprême Conseil de l'Ordre Martiniste*, *Bibliothèque Internationale des œuvres des Femmes*, etc., etc.

Tel est l'état actuel de cette Société que nous recommandons à nos lecteurs. Les personnes qui désireraient de plus amples renseignements nous trouveront tous les mercredis de 5 h. à 7 h., 29, rue de Trévise, où peuvent nous écrire à cette adresse.

CONCLUSION

Dans ces derniers temps l'occultisme a été en butte à des attaques passionnées tant en France qu'à l'Etranger. Certains auteurs fort peu érudits ou mal informés ont voulu nier l'antiquité et l'invariabilité de la tradition ésotérique à travers les âges ; certains autres ont voulu, s'appuyant sur des détails secondaires, chercher des contradictions en s'adressant à différentes écoles.

Or nous avons fait tous nos efforts pour délaisser les polémiques chères aux esprits superficiels. Nous renvoyons donc les auteurs précédents aux trois points fondamentaux de la Science occulte : *Tri-Unité — Analogie — Monde invisible*, et aux citations *prises dans les époques les plus diverses* et chez les auteurs les plus différents depuis le Zend Avesta jusqu'à Wronski. Cette réponse, par le fait, vaudra mieux que toutes les polémiques et que toutes les discussions touchant les relations qui unissent l'Occultisme contemporain aux anciennes initiations.

D'autre part, on a cru que notre siècle avait la primeur des théories et des pratiques unissant les êtres visibles au monde invisible.

La théorie des phénomènes modernes de suggestion, d'incarnations, de matérialisations, de réponses intelligentes par coups frappés, etc., etc., donnée dès le XVIᵉ siècle, réfutera suffisamment cette assertion.

Enfin le retour à l'étude sérieuse des faits extraordinaires se rattachant à cet ordre d'idées, la recherche des théories plus scientifiques que sentimentales conduiront le chercheur, nous en sommes convaincus, à s'intéresser davantage à cette vieille « Science des Mages » qu'on connaît si peu.

A vous tous qui, confiants dans l'avenir, cherchez un autre idéal que la pièce d'or, à vous tous qui fatigués du positivisme, comme je le fus jadis, croyez à la toute-puissance de la Raison humaine secondée par l'Intuition, à vous, nobles artistes, jeunes savants, futurs directeurs d'hommes, je fais appel au nom de la Morale qui s'éteint, de la Science qu'on méconnaît et de l'Idéal qu'on matérialise. Réagissons contre les étroites conceptions du matérialisme et du cléricalisme, songeons à la transformation profonde qui s'accomplit dans nos sociétés et sachons, si les événements qui s'apprêtent doivent être considérables, élever nos âmes à la hauteur de tels événements.

TABLE DES MATIÈRES

PAGES

PRÉFACE V
La Tri-Unité. — Les Correspondances et l'Analogie VII

CHAPITRE PREMIER

§ 1er. *Le Microcosme ou l'Homme*. 1
Les Trois Principes (p. 3). — Le Corps physique, le Corps astral (p. 5). — L'Etre psychique (p. 6). — L'Esprit conscient (p. 7).
§ 2. *Le Macrocosme ou la Nature* 11
§ 3. *L'Archétype* 16
§ 4. *L'Unité* 19

CHAPITRE II

§ 1er. *Le Plan astral*. 22
Les Fluides (p. 28). — L'Image astrale (p. 32).
§ 2. *L'Evolution et l'Involution* 32
Réincarnation (p. 37). — Suicide (p. 39). — Mort-né (p. 40).
§ 3. *La Pratique*. 40

CHAPITRE III

Les Applications de l'Occultisme 46
Les Sociétés (p. 54). — Des Titres et des Grades (p. 54). — L'Occultisme et le Spiritisme (p. 55). — La Société Théosophique (p. 57). — Le Groupe Indépendant d'Etudes ésotériques (p. 58).
CONCLUSION. 60

TOURS, IMP. E. ARRAULT ET Cie.

www.ingramcontent.com/pod-product-compliance
Ingram Content Group UK Ltd.
Pitfield, Milton Keynes, MK11 3LW, UK
UKHW031940260826
14628UKWH00004B/1758

9 782019 715328